आध्यात्मिक विज्ञान श्रंखलाः पुस्तक 1

पत्री जी के उत्तर

महान आध्यात्मिक वैज्ञानिकों
के विचार

मेरे लिए पत्री जी एक विनोदी एवं आनंददायक आत्मा हैं, जिनके अद्भुत आध्यात्मिक ज्ञानवर्धक संदेशों से ना जाने विश्व के कितने लोग लाभान्वित हुए हैं। इसका अंदाजा आपको यह पुस्तक पढ़कर ही लग जाएगा। मुझे आशा है कि पत्री जी इसी तरह से अपने गहन बोध को इन संदेशों के माध्यम से ज्यादा से ज्यादा लोगों तक पहुंचाएंगे ताकि यह ज्ञान उन लोगों तक पहुंचे जो लम्बे समय से इसकी खोज में हैं।

*** जश्मूहीन *** मेटाफिजिकल लेखक
शोधक एवं अंतराष्ट्रीय शांति राजदूत

ब्रह्मर्षि पितामह पत्री जी द्वारा दिए गए ज्ञान के शब्द, पुष्पों से निकलने वाली आकाशीय सुगंध की तरह हैं। यह सुगंध हर उस व्यक्ति को प्रभावित करती है जो पत्री जी के साप्ताहिक कार्यक्रम "प्रबुद्ध पहर" को सुनता है। साधारण शब्दावली, सरल शैली, विनोद, विनम्रता, ज्ञान और संवेदना पत्री जी का प्रमुख गुण है। पत्री जी द्वारा अत्यंत उदारता से यह ज्ञान सब साझा किया जा रहा है जिसके लिए मैं उनका आभारी हूँ।

*** डा.न्यूटन कोण्डवीटी, लेखक ***

पास्ट लाइफ रिग्रेशन वैज्ञानिक, मेटाफिजिकल शिक्षक,
जिनमें आर्ट एंड साइंस ऑफ मेडिटेशन और कॉन्शियसनेस
हील्स कई पुस्तकों के लेखक शामिल हैं।

आध्यात्मिक जीवन के लिए उत्तर चाहने वाले प्रत्येक व्यक्ति को पत्री जी अपने दिव्य ज्ञान से आवश्यक उत्तर प्रदान करते हैं। मैं उनके व्यापक बोध और तात्कालिक उत्तर देने की कला से गहराई से प्रभावित हुई हूँ। उनके जवाब सिर्फ मस्तिष्क के तार्किक स्तर से नहीं बल्कि चेतना के व्यापक स्तर से आते हैं जो पूछने वाले व्यक्ति की आत्मा को संबोधित करते हैं। मैंने अपने निजी अनुभव में पत्री जी को उस समय देखा जब मैं उन्हें मास्टर के रूप में नहीं जानती थी। मैं ध्यानियों के एक बड़े समूह के साथ कर्नूल में पिरामिड के अंदर बैठी थी॥ तब अचानक पत्री जी का आभामंडल विशाल सुनहरे पीले रंग के प्रकाश से अँधेरे में चमकने लगा। उनकी उपस्थिति एक प्रकाश स्तम्भ जैसी है

*** इलोना शेलके, लेखक***

अंतराष्ट्रीय प्रसिद्ध सह लेखक–द सक्सेस ब्लू प्रिंट एंड
द बिग सीक्रेट, सेमिनार लीडर

पत्री जी की पुस्तक और ध्यान पर अपने अनुभव व्यक्त करना मेरे लिए बड़े सौभाग्य की बात है। पत्री जी का ध्यान, उनके बोलने, मौन रहने और बाँसुरी बजाने के बीच अदभुत संतुलन है। यह सब ध्यान की गहराई में और समय तथा अनंत की सीमा से परे जाने की प्रक्रिया है। पत्री जी एक महान मास्टर हैं मैं हृदय से उनके प्रति आभार व्यक्त करती हूँ।

*** लिली लिंडमै, लेखक***
स्पिरिचुअल हीलर

पी.एस.एम और पत्री जी की अन्य पुस्तकें:

अंग्रेजी:

- ब्रेथ एंड मेडिटेशन
- अहिंसा, वेजिटेरियनिस्म एंड स्प्रिचुएलिटी
- साइंस ऑफ मेडिटेशन
- लाइट ऑफ पत्री जी
- पिरामिड एनर्जी
- मेडिटेशन इज वेरी ईजी
- द आर्ट एंड साइंस ऑफ मेडिटेशन

हिंदी

- अमृत बिंदु
- आत्म योगी भव
- श्रीमद भागवद कथा
- तुलसीदलछ्भाग 1
- आत्मजागृति के रहस्य -तुलसीदल (भाग 2)
- ब्रह्मर्षि पितामह पत्री जी के संग संवादछ्भाग 1
- तुलसीवनम
- आत्मक्षेत्र
- कर्म सिद्धांत
- बुद्ध बनो
- ध्यान अनुपम उपहार
- पिरामिड ऊर्जा

*** तेलुगु***

- तुलसीदलम–भाग 1 और 2
- संकल्प शक्ति
- आत्म विज्ञानम
- अध्यात्मिका शास्त्रम
- योग परंपरा
- वाक
- अष्टांग राज योगम
- पतंजलि ध्यान शास्त्रम
- भज गोविंदम
- ध्यान विद्या
- आरोग्यम स्वयंवरम
- पत्री जी प्रश्नोपनिशत

पंजाबी

- ध्यान विज्ञान
- मास्टर बनो
- ब्रह्मऋषि पत्री जी दीयां सिखियावां
- अमृत सागर
- एक महान युग पुरुष पत्री जी
- आत्म योगी बनो

अन्य भारतीय भाषाएं

कृप्या अन्य भारतीय भाषाओं में उपरोक्त पुस्तकें प्राप्त करने के लिए विजिट करेंरू

www.pssmovement.orgz

आध्यात्मिक विज्ञान श्रृंखलाः पुस्तक 1

पत्री जी के उत्तर

युग पुरूष पत्री जी का शाश्वत आध्यात्मिक ज्ञान

ब्रह्मर्षि पत्री जी

अनुवाद

आशीष तिवारी तथा मुकेश गुजराल

स्टर्लिंग

स्टर्लिंग पब्लिशर्स प्रा. लि.

रजिस्टर्ड कार्यालय : A 1/256 सफदरजंग एन्कलेव नई दिल्ली–110029
CIN: U22110DL1964PTC211907
दूरभाष : +91 82877 98380 / +91 120-6251823
e-mail: mail@sterlingpublishers.in
www.sterlingpublishers.in

www.pssmovement.org

पत्री जी के उत्तर

© 2022, ब्रह्मर्षि पत्री जी
ISBN: 978 93 93853 09 7

भारत में मुद्रित
स्टरलिंग पब्लिशर्स प्रा. लि. द्वारा मुद्रिता और प्रकाशित
प्लॉट नंबर 13, इकोटेक III, ग्रेटर, नोएडा–201306, यूपी भारत

अनुक्रमणिका

प्रस्तावना
पद्मश्री श्री डी.आर. कार्तिकेयन

ब्रह्मर्षि पत्री जी पूरे विश्व में आध्यात्मिकता और ध्यान के क्षेत्र में सुविख्यात हैं, उन्हें किसी परिचय की आवश्यकता नहीं है।

यह इतिहास की बात है कि राजकुमार सिद्धार्थ सत्य, परिपूर्णता और शांति की तलाश में महल छोड़कर निकल गए। आज से लगभग 2500 वर्ष पूर्व वह सभी तरीकों से प्रयोग करते हुए, विपस्सना की पद्धति से ज्ञान को प्राप्त हुए।

इतने वर्षों से गौतम बुद्ध की ही भूमि में विपस्सना को भुला दिया गया और वहीं दूर के देशों जैसे बर्मा में अच्छी तरह संरक्षित किया गया। लगभग 100 साल पहले रंगून में एक प्रमुख संपन्न जौहरी को बहुत तीव्र और लाइलाज सिरदर्द हुआ। संक्षेप में उन दिनों विभिन्न देशों में उपलब्ध इलाज से कोई आराम न मिलने पर युवा जौहरी सत्यनारायण गोयंकाजी ने अपने शुभचिंतकों की सलाह पर विपस्सना ध्यान का पाठ्यक्रम शुरू किया। गोयंकाजी को अपनी तकलीफ से कुछ ही सप्ताह में आराम मिल गया। उन्हें यह तकनीक काफी मूल्यवान लगी और उन्होंने इसका 3 माह का कोर्स किया। उन्हें इससे बहुत लाभ हुआ। अपने बर्मा के गुरु यू बा खिन की सलाह पर उन्होंने विपासना को बुद्ध की जन्मभूमि में लाने का निर्णय लिया। 1969 में वह इसे भारत में लाए। अपनी समर्पित प्रयासों से उन्होंने इस तकनीक को बिल्कुल सुगम कर लोगों तक पहुंचाया।

अपने जीवन के नाजुक दौर में मैं हैदराबाद केंद्र पर 10 दिन विपासना ध्यान करने में सक्षम रहा। मुझे आश्रम में दो समय भोजन के साथ 10 दिन रहना पड़ा जहां सुबह 5 बजे से देर रात तक अभ्यास चलता था। पहले 3 दिन सिर्फ अपनी साँसों का निरीक्षण करना था, आती हुई साँस और जाती हुई साँस, जिसे आनापानसति ध्यान कहा जाता है। अगले 7 दिन अपने शरीर की संवेदनाओं को पूर्ण शांति से निरीक्षण करना होता है।

ब्रह्मर्षि पत्री जी ने इस प्रक्रिया को बिल्कुल सुगम बना दिया है। आती-जाती हुई साँसों का निरीक्षण करना ही ध्यान है। पत्री जी ने स्वयं इसका अभ्यास किया, लाभान्वित हुए और लोगों में इसके बारे में जागरूकता फैलाना आरंभ किया। पत्री जी ने निर्धन और अमीर, अनपढ़ और पढ़े-लिखे सभी के लिए इसका लाभ लेना सुगम कर दिया। उन्होंने पिरामिड के अंदर ध्यान करने की शक्ति को पहचाना और हर जगह पिरामिड बनाने पर जोर दिया। आज पूरे विश्व में छोटे-बड़े 20000 से ज्यादा पिरामिड हैं तथा अनगिनत कार्यशालाएं, कक्षाएं और ध्यान गोष्ठियां चल रही हैं।

अपनी गायन शैली और बाँसुरी बजाने की कला को ध्यान से जोड़कर उन्होंने न केवल देश में बल्कि विदेशों में भी लाखों लोगों को ध्यानी बनाया है। इस तरह एक नए युग की आध्यात्मिक जागृति का अभ्युदय हुआ है। इस निशुल्क ध्यान अभ्यास तकनीक से लाखों लोगों के जीवन में अदभुत परिवर्तन हुए हैं। उन्होंने लाखों लोगों को शाकाहारी बनने के लिए प्रेरित किया जिसके लिए सम्पूर्ण पशु-पक्षी, मछली जगत भी उनका आभारी है। मैं उनके साथ इजिप्ट भी गया था जहां बुर्काधारी महिलाओं ने भी ध्यान सत्र में भाग लिया।

पत्री जी एक सजग पाठक हैं और देश-विदेश के हजारों आध्यात्मिक वैज्ञानिकों की पुस्तकों का अध्ययन कर चुके हैं। पुस्तकों के माध्यम से उन्होंने पिरामिड में ध्यान की महत्ता को समझा और इस तरह पिरामिड ऊर्जा, पिरामिड ध्यान, आध्यात्मिक विज्ञान और शाकाहार का प्रचार और प्रसार कर रहे हैं।

"पत्री जी के उत्तर" इस पुस्तक में उनके लोकप्रिय साप्ताहिक कार्यक्रम "प्रबुद्ध पहर-पत्री जी के साथ" में पूछे गए प्रश्न-उत्तरों का समावेश है। पूरे विश्व के ध्यानियों के प्रश्नों का पत्री जी अपनी अनूठी शैली और शब्दावली में उत्तर देते हैं। उनके द्वारा दिया ज्ञान विचलित मन के लिए मरहम का काम करता है।

अनेक विषयों जैसे मूर्ति पूजा, तन और मन की स्वस्थता, संबंधों की महत्ता, स्वयं का और जीवन के उद्देश्यों का प्रबंधन यहां तक कि बच्चों की परवरिश, सभी प्रश्नों का पत्री जी बहुत सरल व स्पष्ट उत्तर देते हैं। इन सभी प्रश्नों के समाधान का पत्री जी के सुझाए उत्तरों से बेहतर निदान नहीं हो सकता।

"तप: स्वाध्याय ईश्वर प्रणिधानानि क्रियायोग" यह पतंजलि ऋषि द्वारा दिया गया वक्तव्य है। तप: अर्थात तपस्या। इसका अर्थ शरीर को अधिकतम नहीं बल्कि न्यूनतम पोषण देना, यही तपस्या है। सांसारिक लोग तन को अधिकतम पोषण देते हैं। शरीर के लिए न्यूनतम पोषण और न्यूनतम निद्रा, यही तप है। इसी तरह हमें अपने मन को अधिकतम खालीपन या शून्यता देना आना चाहिए। न्यूनतम मानसिक क्रिया, यही ध्यान है।

"स्वाध्याय" प्रत्येक व्यक्ति को आध्यात्मिक पुस्तकों का अध्ययन करना चाहिए। हर आत्मा को हिमालय के बराबर अध्ययन करना चाहिए, यही स्वाध्याय है।

ईश्वर प्रणिधान-आपके तप और स्वाध्याय का परिणाम यह होता है कि आप सब जगह ईश्वर को देखते हैं। यही ईश्वर प्रणिधान की अवस्था है।

पिरामिड स्पिरिचुअल सोसायटी मूवमेंट नवयुग की विश्वव्यापी आध्यात्मिक क्रांति का महत्वपूर्ण हिस्सा है। यह एक ऐसा अभियान है जो मानवता को हिंसा से अहिंसा, मांसाहार से शाकाहार, अंधविश्वास से वैज्ञानिक प्रयोग व वैज्ञानिक तर्कों की ओर तथा भौतिक दीवानेपन से आध्यात्मिक सच्चाई की ओर ले जाने की प्रक्रिया है।

यह अभियान 1980 में आरंभ हुआ और इन 40 वर्षों में इतने पिरामिड मास्टर्स का योगदान अत्याधिक संतुष्टि और सम्पूर्णता तो देता है पर साथ ही यह अहसास भी दिलाता है कि अभी बहुत कुछ करना बाकी है। हम सभी इसी दिशा में कार्यरत हैं। यह कार्य तब तक चलता रहेगा जब तक इस पृथ्वी ग्रह का अंतिम व्यक्ति शाकाहारी, ध्यानी और आध्यात्मिक जगत का सतत शिक्षार्थी न बन जाए।

पिरामिड मेडिटेशन चैनल या पी.एम.सी एक आध्यात्मिक विश्वविद्यालय है। एक ऑनलाइन विश्वविद्यालय जो 30 से ज्यादा भाषाओं में कार्यक्रम प्रसारित करता है। पी.एस.एस.एम सभी को अध्यात्म के मार्ग पर लाने को समर्पित है। पिरामिड अध्यात्म विज्ञान का प्रतिनिधित्व करता है और यही पी.एस.एस.एम का प्रतीक चिन्ह भी है।

हमें वर्तमान समय में ध्यान के साथ रहना चाहिए जिससे हमारे स्वर्णिम भविष्य का निर्माण होगा। हम सभी यहां अपने भूतकाल के कारण हैं। भूतकाल, वर्तमान और भविष्य सभी एक सतत ब्रह्मांडीय प्रक्रिया है। ध्यान अपने उत्कृष्ट रूप में अंदरूनी संवेदनाओं के जागृत होने का नाम है। ध्यान व्यक्तिगत उत्थान से सीधे संबंधित है। जिस क्षण हम ध्यान में पारंगत हो जाते हैं हमारा जीवन एक सतत उत्सव और आनंद का रूप ले लेता है।

ध्यान अपने स्वयं के साथ समय व्यतीत करना और स्वयं को जानना है। कर्म सिद्धांत के अनुसार हमें शाकाहारी, ध्यानी होना है और इस बात को समझना है कि हमारी वर्तमान वास्तविकताओं के लिए हम ही जिम्मेदार हैं। अध्यात्म का अर्थ स्वयं पर संपूर्ण विश्वास होना है। समस्याएं आपको एक नए तरीके से सोचने, समस्याओं को एक नए पहलू से देखने और आप में छिपी प्रतिभा को बाहर निकालने के लिए आती हैं। हर समस्या हमारी छिपी प्रतिभा को बाहर लाने का उपयुक्त अवसर है। ध्यान आपकी आंतरिक शक्ति की वृद्धि करता है।

ब्रह्मर्षि सुभाष पत्री जी कहते हैं मैं ऐसे हजारों लोगों को जानता हूँ जिन्होंने ध्यान और स्वाध्याय के मार्ग पर चलकर मन की शांति, तन का स्वास्थ्य और अंतरात्मा का उत्थान प्राप्त किया है। जो व्यक्ति आध्यात्मिक पथ पर चलने के लिए गंभीर और प्रयत्नशील है उनके लिए पत्री जी की प्रणाली व्यवहारिक और समझने के लिए अत्यंत सुगम है।

डॉ.डी.आर.कार्थिकेयन, आईपीएस
भूतपूर्व निदेशक, सीबीआई,
डीजी–एनएचआरसी,
डीजी–सीआरपीएफ
पद्मश्री से सम्मानित

आभार

यह मेरा बड़ा विशेषाधिकार और अवसर है कि महान मास्टर पत्री जी की इस पुस्तक में मेरी भागीदारी हो रही है।

पिरामिड स्पिरिचुअल सोसायटी मूवमेंट के ध्यानियों के लिए इस पुस्तक का आना जैसे एक सपना साकार होने जैसा है। पत्री जी के पास इतना व्यवहारिक ज्ञान है और मुख्य रूप से यथार्थ का अनुभव है जिसे शब्दों में लिख पाना संभव नहीं है। वह इतने गतिशील और जेन मास्टर हैं जो हमेशा यात्रा करते रहते हैं। अत: उन की पुस्तक पर काम करना व्यवहारिक दृष्टि से आसान नहीं है। ऐसे में "प्रबुद्ध पहर-पत्री जी के साथ" कार्यक्रम जैसे एक वरदान के रूप में सामने आया, जिसमें जीवन के कायाकल्प करने वाले और शक्तिवान ज्ञान के मोती महान मास्टर से प्राप्त हुए हैं। इस कार्य को संपन्न करने में अनेक लोगों का योगदान है चूंकि यह पुस्तक "प्रबुद्ध पहर" के 25 सत्रों से तैयार हुई है इसलिए इसके आने में बहुत लोगों का प्रत्यक्ष या परोक्ष रूप से योगदान रहा है।

हम श्रेयांस डागा और श्रेयांस डागा फाउंडेशन, साई कृपा सागर एंड पिरामिड वैली इंटरनेशनल, परी पत्री एवं पी. एस. एस. एम ग्लोबल और चंद्रा पुलामरसेटी और बुद्धा-मुख्य कार्यकारक अधिकारी क्वांटम फाउंडेशन का हार्दिक आभार व्यक्त करते हैं जिन्होंने इस कार्यक्रम को तैयार करने और प्रस्तुत करने में सहयोग दिया।

हम श्रावया मौलिका और वेणुगोपाल रेड्डी का धन्यवाद करते हैं जिन्होंने इन सत्रों की प्रतिलिपि बनाने में हमें सहयोग दिया है। श्रावया और उनकी टीम के इन सत्रों के प्रश्नोत्तरों को कुशलतापूर्वक लेखबद्ध करने के लिए विशेष आभार। हम शालिनी बुद्धा, चंद्र मोहन एवं साई कुमार रेड्डी का धन्यवाद व्यक्त करते हैं जिन्होंने इस कार्यक्रम को सुचारू रूप से हर सप्ताह चलाने और रिकॉर्ड करने में सहायता की है।

हम अलेख्या पुलामरसेटी, लिडिजा स्टैनकोविक्ज और उषा पुलामरसेटी का आभार प्रगट करते हैं जिन्होंने सभी सामग्री के वर्गीकरण, प्रूफ पढ़ने और संपादन में हमारी सहायता की है। हम अरविंद संपत के आभारी हैं जिन्होंने उचित सामंजस्य से इस पुस्तक के समय पर प्रकाशन में अहम भूमिका निभाई।

हम पद्‌मश्री श्री डी. आर. कार्तिकेयन के आभारी हैं जिन्होंने पुस्तक के लिए इतने कम समय में इतनी सोचपूर्ण प्रस्तावना तैयार की। हम धन्यवाद व्यक्त करते हैं जॉशमुईन, इलोना शेलके, डा.न्यूटन कोण्डवीटी, डेना मेरियम, आनंदा करुणेश और लीले लिंडमै का जिन्होंने न्यूनतम समय सीमा में इस पुस्तक के लिए प्रशंसा पत्र प्रदान किए।

हम एस .के. घई और चंद्रा पुलामरसेटी के आभारी हैं जिन्होंने इस पुस्तक को समय से लाने के लिए सतत कार्य किया।

इस पुस्तक का हिंदी में अनुवाद करने के लिए हम श्री आशीष तिवारी और श्री मुकेश गुजराल का आभार व्यक्त करते हैं।

हम उन सभी का आभार व्यक्त करते हैं जिन्होंने अलग-अलग तरीकों से सहयोग दिया और जिन सभी के नाम यहां ले पाना संभव नहीं है। सभी ध्यानी जिन्होंने अपने अनुभव साझा किए और पत्री जी के समक्ष अपने प्रश्न रखे ताकि उनका ज्ञान सभी तक पहुंच सके, उनका आभार व्यक्त किए बिना यह प्रक्रिया पूर्ण नहीं हो सकती।

अंत में हम ब्रह्मर्षि पत्री जी के अत्यंत आभारी हैं जिन्होंने विभिन्न विषयों के प्रश्नों को इतनी सहनशीलतापूर्वक उत्तर दिया और जरूरत अनुसार स्पष्टीकरण भी दिए। व्यक्तिगत स्तर पर मुझे इस ज्ञान के अनुपम पुस्तक रूपी भंडार को संपादित करने का प्रभार देने के लिए अनुग्रहित हूँ।

मुझे इसी तरह के आगामी प्रयासों की प्रतीक्षा रहेगी।

प्रो. जगदीश .एस (सेवानिवृत), आई.आई. एम. बेंगलूरु
विशेष संपादक

ब्रह्मर्षि पितामह पत्री जी-परिचय

यह पुस्तक पिरामिड स्पिरिचुअल सोसाइटी के संस्थापक ब्रह्मर्षि पितामह पत्री जी द्वारा साधकों को दीये गए प्रश्न-उत्तरों का संकलन है।

ब्रह्मर्षि पितामह पत्री जी

पत्री जी नवयुग के आध्यात्मिक मास्टर हैं जो ध्यान विज्ञान का पूरे विश्व में प्रचार-प्रसार करने के लिए कटिबद्ध हैं। पत्री जी अपने असीम ज्ञान को सभी जिज्ञासुओं और मास्टर्स के साथ साझा करते हैं।

1947 में शक्कर नगर, जिला निजामाबाद तेलंगाना राज्य में पत्री जी का जन्म हुआ। पत्री जी ने कृषि विज्ञान और अंग्रेजी साहित्य में स्नातकोत्तर की उपाधि प्राप्त की। वह शास्त्रीय संगीत की दोनों विधाओं गायन और बाँसुरी वादन के अच्छे कलाकार हैं। उन्होंने संगीत गुरु चंद्रशेखरन जी से शिक्षा प्राप्त की जो स्वयं महान संगीतकार टी. आर. महालिंगम के शिष्य थे।

1979 में आत्मबोध होने के पश्चात उन्होंने अपने मित्र श्री रामचन्ना रेड्डी के साथ आनापानसति ध्यान पर गहरे प्रयोग किए। उन्होंने 1990 में ध्यान के प्रसार के लिए पहले ध्यान समूह "द कर्नूल स्पिरिचुअल सोसायटी" का गठन किया। उन्होंने आध्यात्मिक मार्ग पर समर्पित होते हुए 1992 में कोरोमंडल फर्टिलाइजर्स में अपने मार्केटिंग मैनेजर के पद से त्यागपत्र दे दिया। तब से वह प्रत्येक व्यक्ति को जागरूक और

ध्यानी बनाने के लिए निरंतर प्रयास कर रहे हैं। वह सभी के अंदर की असीम शक्ति और स्वयं के यथार्थ के निर्माण की संभावना को जगाने हेतु सतत प्रयासरत हैं।

पत्री जी का कहना है कि ध्यान को सिर्फ स्वास्थ्य और शांति के लिए ही नहीं बल्कि ध्यान योग के एक उच्चतम साधन की तरह अपने अनंत से जुड़ने और स्वयं की सच्चाई को जानने के लिए इस्तेमाल करना है।

ध्यान प्रचार

पत्री जी समाज के सभी वर्गों को श्रेणी, धर्म या राष्ट्रीयता के भेदभाव के बिना ध्यान सिखाने के लिए संकल्पबद्ध हैं। वह देश-विदेश के कोने-कोने में यहां तक कि दूर-दराज के गांवों में भी पूरे वर्ष यात्रा करते रहते हैं और सभी आयु, शैक्षणिक योग्यता और वर्ग के लोगों को निशुल्क ध्यान शिक्षा देते हैं। जेलों और अस्पतालों में उनके ध्यान सत्रों ने हजारों लोगों को स्वस्थ कर उनकी काया पलट दी है। वह निरंतर यात्रा करते रहते हैं। उनके ध्यान सत्र नवयुग के आध्यात्मिक विज्ञान, ध्यान विज्ञान, ऊर्जा, चेतना और ज्ञान, शाकाहार पिरामिड ऊर्जा, भगवदगीता सार और आप अपने भाग्य के सृजनकर्ता हो आदि विषयों पर आधारित होते हैं।

पत्री जी ने अपने लगातार प्रयासों से पूरे भारत में सैकड़ों गैर लाभकारी पिरामिड स्पिरिचुअल सोसायटी का गठन किया है। इन गैर लाभकारी सोसायटी से स्थानीय पिरामिड मास्टर्स जुड़े हैं जो ध्यान के प्रसार में और अपने क्षेत्र में लोगों को उनकी आध्यात्मिक यात्रा में अग्रसर होने में सहायता कर रहे हैं। उनके सामूहिक प्रयास से आज 50000 से ज्यादा गांवों में ध्यान पहुंच चुका है। ये गांव मुख्यत: आंध्र प्रदेश, तेलंगाना, कर्नाटक, तमिलनाडु और अन्य राज्यों में स्थित हैं। आज विश्व के 50 से अधिक देशों में पिरामिड मास्टर्स मौजूद हैं और ये संख्या निरंतर बढ़ रही है।

आध्यात्मिक विज्ञान में योगदान

पत्री जी बहुत सघन पाठक हैं। अपनी पढ़ाई के समय वह हैदराबाद के कई पुस्तकालयों में जाकर घंटों अध्ययन किया करते थे। बाद के दशक में उन्होंने आध्यात्मिक लेखों के अलावा नवयुग के आध्यात्मिक मास्टर्स की अध्यात्म और जागृति पर हजारों पुस्तकों का अध्ययन किया है। उन्होंने अनेक पुस्तकों और वार्ताओं का लेखन और सृजन किया जो तेलुगु और अन्य भाषाओं में उपलब्ध हैं। वह विश्व के विभिन्न आध्यात्मिक मास्टर्स की पुस्तकें पढ़ने पर जोर देते हैं और आध्यात्मिक विज्ञान पर अंग्रेजी पुस्तकों का भारतीय भाषाओं में अनुवाद करने के लिए मास्टर्स को प्रेरित करते हैं।

उनके मार्गदर्शन में 20 से अधिक मासिक और त्रैमासिक आध्यात्मिक विज्ञान पत्रिकाएं प्रकाशित होती हैं। इन पत्रिकाओं में अंग्रेजी की स्पिरिचुअल इंडिया और स्पिरिचुअल साइंस, तेलुगु में ध्यान जगत और हिंदी में पिरामिड ध्यान जगत शामिल हैं। पत्री जी के मार्गदर्शन मे आध्यात्मिक विज्ञान पर अनेकों पत्रिकाओं, पुस्तकों, ऑडियो और वीडियो का सृजन हुआ है।

शाकाहार के प्रति जागरूकता

शाकाहार को बढ़ावा देना पत्री जी के हृदय के बहुत समीप है। उनके शब्दों में "कोई भी आध्यात्मिक साधना अहिंसा के बिना अधूरी है।" उन्होंने ध्यान प्रचार में लोगों को सर्वप्रथम शाकाहारी होने पर जोर दिया है। इस दिशा में पत्री जी ने हजारों शाकाहार रैलीयां की हैं और शाकाहार के प्रति जागरूकता फैलाने के लिए लाखों पर्चे बंटवाए हैं। पत्री जी "अहिंसा परमो मोक्ष" पर जोर देते हैं।

पिरामिड का निर्माण

पत्री जी ने अपनी आध्यात्मिक यात्रा के शुरूआती दौर में ही पिरामिड ऊर्जा के विज्ञान को समझ लिया था। उन्होंने जाना कि

पिरामिड ऊर्जा ध्यान की ऊर्जा के संरक्षण और वृद्धिकरण में अत्यंत सहायक है। उन्होंने पूरे विश्व में ध्यान के लिए हजारों पिरामिड का निर्माण कराया।

2021 तक भारत में दो बड़े पिरामिड का निर्माण हुआ है। पहला पिरामिड वैली इंटरनेशनल बेंगलूरु में स्थित है। यह एक अंतरराष्ट्रीय ध्यान केंद्र है। इस पिरामिड में 5000 से अधिक लोग एक साथ ध्यान कर सकते हैं। यह आश्रम उच्च गुणवत्ता वाली आवासीय सुविधाओं के साथ गहरे व्यक्तिगत रूपांतरण के लिए उपलब्ध है। हर वर्ष लाखों लोग देश-विदेश के कोने-कोने से यहां आते हैं और ध्यान और आध्यात्मिक सुविधाओं का लाभ उठाते हैं।

दूसरा ध्यान आश्रम, एशिया का सबसे बड़ा ध्यान पिरामिड महेश्वरा महा पिरामिड जो हैदराबाद के निकट कैलाशपुरी में स्थित है, इसमें 7000 से अधिक लोग ध्यान कर सकते हैं। यहाँ प्रतिवर्ष देश-विदेश से हजारों साधक आते हैं और आध्यात्मिक चेतना और स्वास्थ्य लाभ प्राप्त करते हैं। इसके अलावा विभिन्न गांवों और शहरों में हजारों छोटे-बड़े पिरामिड बने हैं जो ध्यान के लिए प्रयोग होते हैं जिनमें 100 से ज्यादा व्यक्ति ध्यान कर सकते हैं।

कुछ पिरामिड लोगों ने घर की छत पर भी बनवाये हैं। इन पिरामिड केंद्रों को साधकों द्वारा ध्यान के लिए प्रयुक्त किया जाता है। इसके अलावा पूरे भारतवर्ष में अनेक आवासीय ध्यान केंद्र हैं जो ध्यानियों की आध्यात्मिक रूपांतरण की आवश्यकता को पूरा करते हैं। इनमें से कुछ प्रमुख हैं -चित्तूर के पास "पिरामिड जेतवनम", श्रीसैलम के निकट "श्री ओंकारेश्वर अष्टंदसा पिरामिड ध्यान केंद्र", कर्नूल में स्थित "बुद्धा पिरामिड ध्यान केंद्र", राजमंड्री के पास "श्री वशिष्ठ गौतमी पिरामिड ध्यान महाक्षेत्रम", वेल्लोर के निकट, "अगस्थियार महा पिरामिड क्षेत्रम" और खम्मम के निकट "कॉस्मिक वैली पिरामिड कैंपस है।"

पिरामिड मेडिटेशन चैनल

2017 में पत्री जी की प्रेरणा और मार्गदर्शन से एक भव्य यूट्यूब चैनल "पिरामिड मेडिटेशन चैनल" का आरंभ हुआ। जिसका उद्देश्य PSSM के मूल सिद्धांतों का प्रचार करना था। 4 वर्षों में इस के प्रति लोगों का अभूतपूर्व रुझान बढ़ा है। लाखों लोग इस चैनल से लाभान्वित हो रहे हैं। यह चैनल 25 अलग अलग भाषाओं में कार्यक्रम प्रसारित कर रहा है। जिनमें मुख्य भाषाएं हैं तेलुगु, हिंदी (पी.एम.सी हिंदी), तमिल, कन्नड़ और अंग्रेजी चैनल। लाखों लोग इस चैनल से जुड़कर लाभान्वित हो रहे हैं।

समर्पित स्वतंत्र संस्थाओं का गठन

पत्री जी द्वारा गठित "PSSM ग्लोबल" एक विश्वव्यापी गैर लाभकारी संगठन है जो विदेशों में ध्यान का प्रसार कर रहा है। अन्य गैर लाभकारी संगठन जैसे PSSM यू.एस.ए, PSSM यूके, PSSM मलेशिया इसमें सहयोग कारी हैं।

पत्री जी ने "पिरामिड स्पिरिचुअल साइंस एकेडमी" की स्थापना की जो पाठ्य पुस्तकों का प्रकाशन करती है। इस माध्यम से ध्यान तथा आध्यात्मिक विज्ञान की शिक्षा का अनेक स्कूलों में प्रसार होता है। पत्री जी के मार्गदर्शन में और कई गैर लाभकारी संस्था और समूह का गठन हुआ है जैसे "स्पिरिचुअल टैबलेट्स रिसर्च फाउंडेशन", "पीएमसी ट्रस्ट" "पायमा" इत्यादि जो निर्दिष्ट क्षेत्र में कार्य कर रहे हैं।

पत्री जी "बुद्ध सीईओ क्वांटम फाउंडेशन" के मुख्य प्रेरणा स्रोत हैं जो कॉर्पोरेट और सरकारी संस्थानों में आधुनिक वैज्ञानिक पद्धति से ध्यान प्रचार करती है। यह संस्था उन्हें कॉर्पोरेट सामाजिक आध्यात्मिक (CSR) जिम्मेदारी निभाने के लिए प्रेरित करती है।

अभी हाल ही में एक नया प्रोजेक्ट "स्वाग्ग" save water and go green यानी जल बचाएं, हरियाली बढ़ाएं शुरू हुआ है। उसमे हजारों

PSSM मास्टर्स और स्वयंसेवी पर्यावरण के प्रति जागरूकता बढ़ाने, हरित क्षेत्र की वृद्धि और दीर्घकालिक जीवन अभ्यास पर काम कर रहे हैं। इस तरह हर ध्यानी पर्यावरण के प्रति अपनी जिम्मेदारी बेहतर ढंग से समझ रहा है जो कि PSSM की मुख्य धारणा है।

पुरस्कार और सम्मान

पत्री जी को उनकी सर्वोच्च निस्वार्थ मानव सेवा, ध्यान के द्वारा असंख्य लोगों के जीवन रूपांतरण करने के लिए कई पुरस्कार मिले हैं। उनमें से कुछ प्रमुख पुरस्कार:

* तिरुपति के मास्टर्स द्वारा "ब्रह्मर्षि" उपाधि से सम्मानित किया गया।

* 2006 में आरोग्यधाम द्वारा महात्मा गांधी मेडिकल साइंस संस्थान, सेवाग्राम, वर्धा में समग्र जीवन के वैश्विक प्रयोग सेमिनार मे "जीवन काल उपलब्धि" पुरस्कार से सम्मानित किया गया।

* आध्यात्मिकता और सर्व सुखी भावना के क्षेत्र में ध्यान और पिरामिड शक्ति के प्रसार के लिए 2017 में टाइम्स ऑफ इंडिया के स्पीकिंग ट्री फाऊंडेशन की तरफ से "गुड कर्मा" पुरस्कार से सम्मानित किया गया।

* 2019 में पत्री जी को ध्यान और आध्यात्मिक मार्गदर्शन के क्षेत्र में अतुलनीय योगदान देने के लिए उनका नाम वंडर बुक आफ वर्ल्ड रिकॉर्ड में दर्ज किया गया। 10000 से ज्यादा लोगों को एक साथ ध्यान कराने के लिए उन्हें सम्मानित किया गया।

* 2020 में यूनाइटेड थियोलॉजिकल रिसर्च विश्वविद्यालय द्वारा पत्री जी को "मानद डॉक्टरेट" की उपाधि प्रदान की गई।

* 2021 में वैदिक वेलनेस विश्वविद्यालय द्वारा "डॉक्टरेट" की उपाधि प्रदान की गई।

* हिमालय के मास्टर्स द्वारा "पितामह" की उपाधि दी गई।

यह पुस्तक.. पत्री जी के उत्तर

यह पुस्तक साधकों द्वारा पूछे गए विभिन्न प्रश्न और पत्री जी द्वारा दिए गए उत्तरों का संग्रह है।

यह प्रश्न मनुष्य के व्यक्तिगत जीवन, जीवन के उद्देश्य, रिश्तों की जटिलता, बच्चों के लालन पालन से लेकर आध्यात्मिक ज्ञान, सही मार्ग का चुनाव, जन्म और मृत्यु और PSSM के दर्शनशास्त्र के बारे में साधकों ने पत्री जी से पूछे हैं। यह प्रश्नकर्ता हर उम्र, समुदाय और विश्व के हर भाग से हैं। पत्री जी सभी को अपने आध्यात्मिक ज्ञान से बिल्कुल सरल भाषा और शैली में जवाब देते हैं जिससे न सिर्फ प्रश्नकर्ता की जिज्ञासा वरन् उसकी सतत ज्ञान पिपासा भी शांत हो जाती है।

पत्री जी के उत्तरों को एक विशेष श्रेणी में परिभाषित नहीं किया जा सकता। यह उत्तर संपूर्ण जानकारी और ज्ञान को समाहित करते हैं। इस तरह उनके उत्तर कई किस्म के जिज्ञासुओं के प्रश्नों का समाधान करते हैं।

यह पुस्तक इस दिशा में पहला प्रयास है। आगे ऐसे कई और संग्रह आने हैं क्योंकि पत्री जी के उत्तर एक पुस्तक में समाहित नहीं किये जा सकते। साधकों के प्रश्नों का आना सतत है और पत्री की से दिव्य ज्ञान की धारा भी सतत बहती रहेगी।

सभी पाठकों को इस पुस्तक से अत्याधिक जागरूकता पाने के लिए ... शुभकामनाएं।

पत्री जी

ध्यान

का

मसीहा

आपको इस तरह निरंतर अथक कार्य करने की प्रेरणा कहां से मिलती है? आपके अंदर इतनी सहनशीलता कैसे है?

पत्री जी: यह सहनशीलता की बात नहीं है। यह मेरा कर्तव्य है। मैं कर्तव्यबद्ध हूँ, अगर मैं कोई कार्य लेता हूँ तो उसे पूरा करना मेरा कर्तव्य है। यदि कार्य नहीं लिया है तो कोई बात नहीं पर कार्य लेने पर उसे पूरा करना ही है। मैं उसे अपनी क्षमता अनुसार सर्वोत्तम तरीके से पूरा करूंगा। जब आप कोई आध्यात्मिक कार्य करते हैं तो आपको थकान नहीं होती। कोई स्वार्थपूर्ण या सांसारिक कार्य करने में आप थक जाते हो। आध्यात्मिक कार्य करने में इतनी ऊर्जा मिलती है कि थकने का प्रश्न ही नहीं उठता। आध्यात्मिक कार्य तनाव रहित होता है, यही इसका रहस्य है। क्योंकि मैं आध्यात्मिक कार्य कर रहा हूँ इसलिए मैं कितना भी कार्य कर सकता हूँ।

आपने दूसरों को ध्यान सिखाना कब शुरू किया? क्या यह आपकी आत्मजागृति के बाद शुरू हुआ?

पत्री जी: मैंने 1979 में ध्यान सिखाना प्रारंभ किया जब मुझे अनुभूति हुई कि मुझमें एक उच्च आत्मा ने प्रवेश (walk in) किया है। मेरा जन्म 1947 में हुआ पर मुझमें उच्च आत्मा ने 1979 में प्रवेश किया और तभी से मैंने ध्यान सिखाना शुरू किया। उससे पहले ध्यान सिखाने का मुझे कोई स्मरण नहीं है।

क्या वॉक इन के बाद आपके रिश्तेदार आपको समझ पाए?

पत्री जी: मेरे रिश्तेदार मुझे समझ नहीं सकते कि मैं क्या हूँ? उनकी सोच शरीर तक सीमित है और वह आत्मा की बात नहीं समझते इसलिए मेरे रिश्तेदार मुझसे दूर होते चले गए। क्यूंकि शरीर में आने वाली उच्च आत्मा (walk in) का जाने वाली (walk out) आत्मा के साथ अनुबंध होता है कि वह केवल उसके करीबी परिवार का ध्यान रखेंगे।

क्या आपके जीवन में भी चुनौतियां हैं?

पत्री जी: मेरे जीवन में मेरे स्तर की चुनौतियां हैं जैसे किस तरह ध्यान का और प्रचार-प्रसार करना है, लोगों को कैसे ध्यान विज्ञान की शिक्षा देनी है, मुझे अपना कौशल और कैसे बढ़ाना है वगैरह-वगैरह। 1992 में मैंने अपनी नौकरी से इस्तीफा दे दिया था तब अपने परिवार का पालन-पोषण करने के लिए लोगों से उधार मांगना मेरी चुनौती थी; फिर सत्य को समझना मेरे लिए एक चुनौती थी; एक बार सत्य समझ में आ गया तो उसे लोगों तक पहुंचाना एक चुनौती थी; पिरामिड ऊर्जा के संपर्क में आने के बाद मैंने इस विषय पर अनेक किताबें पढ़ीं; जब मैंने ध्यान के लिए पिरामिड का उपयोग करना शुरू किया और इसके अद्भुत लाभ को जाना तो फिर सभी के लिए एक ध्यान पिरामिड बनाना मेरी चुनौती थी और पिरामिड बनाने के लिए पैसों की आवश्यकता थी तो पिरामिड के लिए पैसे एकत्र करना मेरी अगली बड़ी चुनौती थी। सबकी अपनी-अपनी चुनौतियां होती हैं।

क्या आपका कोई सपना है?

पत्री जीः मैं उस दिन का स्वप्न देख रहा हूँ जब सारा विश्व एक साथ एक समय पर ध्यान करेगा। यह मेरा दिव्य स्वप्न है जो पूरा होकर रहेगा। एक वक्त आएगा जब विश्व की पूरी जनसंख्या ध्यानी बनेगी। मैं उस वक्त का सपना देख रहा हूँ और आने वाले 10 साल में यह होकर ही रहेगा। आप करोड़ों लोगों को एक साथ ध्यान करते देखेंगे।

क्या आपने कभी मौन का अभ्यास किया है?

पत्री जीः मैं 1996 में पूरे वर्ष मौन में था (सिर्फ दो अवसरों को छोड़कर)। जब लोगों ने मुझसे पूछा कि मैं यह क्यों कर रहा हूँ और मेरे मौन रहने से ध्यान कौन सिखाएगा? मैंने उन्हें कहा कि भविष्य में और कार्य करने के लिए मुझे अपनी ऊर्जा का संचय करना है।

क्या ज्यादा ध्यान करने से आप में रूपांतरण हुआ है?

पत्री जीः मैंने इस जन्म में ज्यादा ध्यान नहीं किया पर लोगों के रूपांतरण की कहानियां सुनकर मुझमें बहुत परिवर्तन आया है। इसलिए मैं अपने रूपांतरण के लिए अपने ध्यान को नहीं वरन दूसरों के ध्यान अनुभवों को श्रेय देता हूँ।

आप अपने वैवाहिक जीवन और आध्यात्मिक जीवन के बीच कैसे तालमेल बिठाते हैं?

पत्री जीः इसका सारा श्रेय ध्यान को ही जाता है। अगर ध्यान नहीं होता तो यह सामंजस्य होना संभव नहीं था। मैं किसी भी अन्य साधारण व्यक्ति की तरह होता पर ध्यान ने मुझे परिवर्तित कर दिया।

आपका लक्ष्य क्या है?

पत्री जीः मेरा लक्ष्य हर दिन किसी नए स्थान पर यात्रा करके लोगों को ध्यान सिखाना है। पिछले 40 वर्षों से ऐसा चल रहा है। मैं अपने आप को यही लक्ष्य और दिशा देता हूँ।

मैं आपके स्नेह और करुणा के लिए आपको धन्यवाद देता हूँ। आपके साथ ध्यान करना और अपने आप में डूब जाना एक अद्भुत अनुभव रहा जिसके लिए मैं आपका आभारी हूँ। इसे शब्दों में व्यक्त करना बहुत मुश्किल है। हालांकि मैं चाहता था कि ज्यादा से ज्यादा लोगों ने इस सत्र में भागीदारी की होती पर मैं समझता हूँ कि सबका अपना एक सही और निश्चित समय होता है। क्या यह सही है?

पत्री जी: आपके इरादे और आपकी यहां होने की इच्छा ही हमारे लिए पर्याप्त है। अध्यात्म में इरादे महत्वपूर्ण होते हैं लोगों की संख्या नहीं बल्कि उनकी गुणवत्ता मायने रखती है। आपकी सबके यहां होने की इच्छा रखना ही अदभुत है। 40 वर्ष पूर्व जब मैंने ध्यान सिखाना शुरू किया था तो मैं चाहता था कि सभी ध्यान करें पर मुश्किल से 1 या 2 लोग ध्यान करने आते थे। इन 40 सालों में हजारों, लाखों लोग यहां ध्यान करने के लिए एकत्रित हुए हैं। आपके विचार और इरादे अवश्य परिणाम लाएंगे।

पिरामिड स्पिरिचुअल सोसाईटीज़ मूवमेंट (पी.एस.एस.एम)

पीएसएसएम विश्वव्यापी नए आध्यात्मिक आंदोलन का प्रमुख भाग है। यह अभियान मानवता को हिंसा से अहिंसा ... मांसाहार से शाकाहार ... अंधविश्वास से वैज्ञानिक प्रयोगों तथा अंधाधुंध भौतिकवाद से विक्षिप्त मानवता को ... आध्यात्मिकता की ओर ले जाता है।

आपने अकेले ही इस अभियान की शुरुआत की, यह कैसे संभव हो सका?

पत्री जी: मैंने जो चाहा प्रकृति माँ ने मुझे दिया। प्रकृति सभी को सहयोग करती है। हम सभी प्राकृतिक रूप से सहयोग प्राप्त करते हैं।

यह अभियान शुरू किए हुए आपको 40 साल हो गए हैं। आज इस पड़ाव पर इसे देखकर आपको कैसा लगता है?

पत्री जी: यह अभियान 1980 में प्रारंभ हुआ और इस समय हम 2021 में है। तो 1980 से 2021 तक 40 साल हो चुके हैं। हम 40 वर्षों से काम कर रहे हैं और इस दौरान मैंने कितने ही पिरामिड मास्टर्स का अद्भुत योगदान देखा है। यह मुझे काफी संतुष्टि देता है पर अभी बहुत कुछ करना बाकी है। हम सब का ध्यान अभी इस पर है कि क्या करना बाकी है।

किस वक्त तक आपका और **PSSM** का कार्य चलता रहेगा?

पत्री जी: यह कार्य तब तक चलता रहेगा जब तक इस धरती ग्रह का अंतिम व्यक्ति ध्यानी, शाकाहारी और आध्यात्मिक विज्ञान का नियमित छात्र नहीं बन जाता। जब पृथ्वी पर अंतिम व्यक्ति शाकाहारी बन जाएगा तब मुझे लगेगा कि हाँ! मेरा काम पूर्ण हो गया है। इन 40 वर्षों में इस दिशा में काफी कार्य हुआ है और मुझे उम्मीद है जल्द ही पूरा विश्व शाकाहारी होगा।

पिरामिड मेडिटेशन चैनल (PMC) का क्या लक्ष्य है?

पत्री जी: पिरामिड मेडिटेशन चैनल यानी PMC हमारा आध्यात्मिक विश्वविद्यालय है। यह हमारा ऑनलाइन विश्वविद्यालय है। हमने 2018 में तेलुगु PMC शुरू किया था और आज PMC 30 से ज्यादा भाषाओं में कार्यरत है।

हम **PSSM** का हिस्सा कैसे बन सकते हैं?

पत्री जी: आपने ध्यान को चुना है और PSSM के संपर्क में आए हैं, यह अपने आप में एक क्रांतिकारी परिवर्तन है। PSSM से संपर्क करना ही उसका हिस्सा हो जाना है। ध्यान के जगत में आपका स्वागत है।

PSSM का लक्ष्य क्या है?

पत्री जी: PSSM सभी को अध्यात्म में लाने के लिए समर्पित है।

PSSM में पिरामिड की क्या भूमिका है?

पत्री जी: पिरामिड आध्यात्मिक विज्ञान का प्रतिनिधित्व करता है। पिरामिड PSSM का प्रतीक चिन्ह है।

सही पथ

सभी को बुद्ध की शिक्षा–"चार दिव्य सत्य" को ज्यादा से ज्यादा पढ़ना चाहिए। मध्य मार्ग और अष्टांग मार्ग बुद्ध की शिक्षा का सार है। सभी को जीसस के नए नियम पढ़ना चाहिए, भगवद गीता सभी को पढ़ना चाहिए। हमें इन सभी महान मास्टर्स की शिक्षाओं का सार पूरी तरह से अपने दैनिक जीवन में उतारना चाहिए। हम सभी को मध्य मार्ग अपनाना चाहिए। अपनी जरूरतों को कम से कम और अवांछित इच्छाओं को खत्म करना चाहिए। तभी हम मास्टर बनने के अपने प्रयासों के लिए पर्याप्त समय और ऊर्जा एकत्र कर पाएंगे।

सत्य ही मध्य मार्ग है। सहनशीलता ही मध्य मार्ग है। किसी भी मास्टर के लिए मध्य मार्ग ही अंतिम लक्ष्य है।

आप हमेशा यह वक्तव्य देते हैं तपः स्वाध्याय ईश्वर प्राणिधानानि क्रियायोग, इस वक्तव्य से क्रियायोग करने का संशय होता है। कृपया इसे स्पष्ट करके मेरे संदेह का निवारण करें?

पत्री जी: "तपः स्वाध्याय ईश्वर प्राणिधानानि क्रियायोग" यह पतंजलि का वक्तव्य है।

तप का अर्थ शरीर को अधिकतम पोषण नहीं न्यूनतम देना है। भौतिक जगत में मनुष्य शरीर को अधिकतम पोषण देते हैं। आप शरीर को न्यूनतम भोजन और न्यूनतम निद्रा दें, यही तप है। इसी तरह आपको अपने मन को अधिक से अधिक शून्यता, खालीपन देना आना चाहिए; न्यूनतम मानसिक क्रियाएं, यही ध्यान है।

स्वाध्याय का अर्थ आपको अधिक से अधिक आध्यात्मिक पुस्तकें पढ़नी चाहिए। प्रत्येक व्यक्ति को हिमालय के बराबर आध्यात्मिक पुस्तकें पढ़नी चाहिए, यह स्वाध्याय है।

ईश्वरप्राणिधाना अर्थात आपके तप और स्वाध्याय का सार आप हर जगह ईश्वर को देखते हैं। ईश्वरप्राणिधाना अंतिम स्थिति है, यह स्वतः ही हो जाएगा।

तप प्रथम स्थिति है। अपना भोजन और निद्रा कम करें और ध्यान बढ़ाएं।

दूसरी स्थिति स्वाध्याय है।

तीसरी स्थिति ईश्वरप्रणिधाना। यह कोई प्रयास की बात नहीं है, आप इस स्तिथि में स्वतः ही पहुँच जाते हो।

तो याद रखें, शरीर को शून्य या अधिकतम नहीं बल्कि न्यूनतम पोषण देना है। मनुष्य शरीर को अधिकतम पोषण देते हैं और फिर शरीर तकलीफ सहता है। शरीर को तकलीफ होने से व्यक्ति भी तकलीफ में आ जाता है। तप न करने से भी ऐसी स्थिति हो जाती है। स्वाध्याय में आने से पहले आपको तपस्वी होना होगा जिसका अर्थ शरीर और मन को न्यूनतम दें, न कि अधिकतम। शरीर-मन को भी न्यूनतम काम ही चाहिए साथ ही अधिकतम स्वाध्याय से जुड़ें। स्वाध्याय की दिशा में PSSM एक शक्तिवान माध्यम है।

तपः स्वाध्याय ईश्वर प्राणिधानानि क्रियायोग एक महान वक्तव्य है।

कृपया सत्य के विभिन्न कोणों को विस्तार से बताएं?

पत्री जीः हर बार जब आप कोई प्रश्न पूछते हैं... सत्य का एक नया कोण सामने आता है। जो सत्य सामने आता है वह प्रश्नकर्ता के लिए और उत्तर देने वाले के लिए भी उतना ही मूल्यवान है। इसलिए हम अपने स्वयं के उत्तरों से उतना ही रोमांचित होते हैं जितना कि प्रश्न पूछने वाला श्रोता होता है। हर प्रश्न और उत्तर ज्ञान की अनंत सीढ़ी में एक बड़ा कदम है। लोगों को प्रश्न पूछते रहना चाहिए और ध्यानी से उत्तर स्वतः ही प्रवाहित हो जाएंगे क्योंकि उसका मन खाली है। जब मन खाली होता है तो वक्ता भी अपने मन की सुनता है और उत्तर से रोमांचित हो जाता है ... उत्तर का एक और पहलू सामने आ जाता है .. यह हमेशा ऐसा ही चलता रहता है।

आत्मज्ञान प्राप्त करने के लिए भक्ति मार्ग और कर्म मार्ग आदि जैसे कई मार्ग हैं। वास्तव में सही मार्ग कौन सा है?

पत्री जी: केवल दो मार्ग हैं:

ध्यान मार्ग यानि आनापानसति ध्यान,

ज्ञान मार्ग यानि प्रश्न और उत्तर विधि।

हमें दोनों चाहिए यह हमें प्राकृतिक भक्ति की ओर ले जाएंगे और हम अपने कर्म को पूरा करेंगे।

हमें कैसे पता चलेगा कि हमारे लिए सही आध्यात्मिक रास्ता कौन सा है?

पत्री जी: हर जगह जाकर अलग-अलग रास्तों की तलाश करो, जहां अध्यात्म मौजूद है वहाँ जाकर देखो क्या हो रहा है। अगर आप संतुष्ट हैं तो वहीं रहें। अगर आप संतुष्ट नहीं हैं तो कहीं और खोजें। मैं योग केंद्रों, ट्रान्सेंडैंटल मेडिटेशन, ब्रह्मकुमारी केंद्रों और कई अन्य स्थानों व् संस्थाओं में गया। अंत में मैंने कर्नूल आकर पिरामिड स्पिरिचुअल सोसाइटीज़ मूवमेंट की स्थापना की। एक अग्रणी नवयुग की स्पिरिचुअल साइंस मूवमेंट, जिसमें ध्यान, शाकाहार, पिरामिड ऊर्जा और विश्व के सभी आध्यात्मिक वैज्ञानिकों और मास्टर्स की शिक्षाओं का संयोजन है। इन शिक्षाओं का प्रयोजन जीवन उत्साह को बढ़ाना, आत्म-साक्षात्कार प्राप्त करना और पृथ्वी ग्रह पर एक शांतिपूर्ण व सहयोगी अस्तित्व स्थापित करना है।

भारत में कई आध्यात्मिक संस्थाएं हैं। हम अपने लिए सही संस्था का चयन कैसे करें? क्या हम किसी भी संस्था का बेतरतीब ढंग से चुनाव कर सकते हैं, या इसे खोजने के लिए हमें अपना सारा जीवन निवेश करना है?

पत्री जी: इसके बारे में जानने का केवल एक ही तरीका है और वह है परीक्षण और त्रुटि विधि। (trial and error method) आप इसका चुनाव बेतरतीब ढंग से नहीं कर सकते। यह भाग्य आधारित लॉटरी प्रणाली नहीं है।

ज्ञान

जो कुछ भी हम प्राप्त करते हैं वह जानकारी है; जो कुछ भी हम संग्रहित करते हैं वह ज्ञान है; जो हम प्रयोग में लाते हैं वह बुद्धि है और बुद्धि के जरिए हमें व्यवहारिक ज्ञान आता है। हम सभी ऊर्जा, चेतना और ज्ञान के कण हैं। चेतना अपने आप को एक कार्य, एक विचार के रूप में प्रदर्शित करती है। पूरी प्रकृति और यह सृष्टि अनगिनत प्राणियों से भरी हुई है जो ऊर्जा, विचार और ज्ञान के कण हैं।

हर घटना हमेशा गतिशील अवस्था में होती है। सब कुछ एक प्राणी विशेष के ज्ञान, ऊर्जा और विचारों की गुणवत्ता पर निर्भर करता है।

हमें चीज़ों को सही तरह से समझने के लिए क्या करना चाहिए?

पत्री जी: हमें किसी भी चीज़ को समझने के लिए एकाग्रचित्त होकर सावधानीपूर्वक सुनने की आदत डालनी चाहिए। सावधानीपूर्वक सुनें बिना हम समझ नहीं सकेंगे।

मैं ज्ञान प्राप्त करना चाहता हूँ, यह कैसे संभव है?

पत्री जी: अगर आप बुद्धिहीन बने रहेंगे तो ज्ञान प्राप्त नहीं कर सकेंगे। बुद्धिमान होने पर ही ज्ञान की प्राप्ति हो सकती है। हर स्थिति में अपनी मनो-इच्छा का नहीं विवेक का प्रयोग करें।

क्या स्वयं पुस्तक का अध्ययन करने और एक मास्टर से ज्ञान प्राप्त करने में कोई अंतर है?

पत्री जी: कोई अंतर नहीं है पर ऐसी पुस्तकें पढ़ें जो आपको गहरे आत्म-चिंतन की ओर ले जाए और सोचने का वक्त दें। दूसरों के जीवन अनुभव सुनना भी उतना ही महत्वपूर्ण है जितना पुस्तकों का अध्ययन करना। दोनों एक दूसरे के पूरक हैं और आपकी आध्यात्मिक प्रगति के

आवश्यक अंग हैं। आपको दूसरों के अनुभव भी सुनने चाहिए और सभी मास्टर्स की प्राचीन समय से लेकर अभी तक की पुस्तकों का अध्ययन भी करना चाहिए।

प्रत्येक व्यक्ति अपने सपने, सूक्ष्म शरीर यात्रा और सहज बोध से ज्ञान प्राप्त करता है या संदेश ग्रहण करता है। हमें किस पर ध्यान केंद्रित करना चाहिए, इनमें से कौन सा महत्वपूर्ण है?

पत्री जी: हर तरीका समान रूप से महत्वपूर्ण है। हमें समाचार पत्र पढ़ना चाहिए या टी.वी पर समाचार सुनना चाहिए अथवा रेडियो पर समाचार सुनना चाहिए, सभी एक ही हैं। हमें ज्ञान को स्वीकार करना चाहिए चाहे वो किसी भी स्रोत से या किसी भी माध्यम से, किसी भी तरीके से आए, हर रास्ता, हर तरीका अच्छा है।

मैं निर्वाण कैसे प्राप्त कर सकता हूँ?

पत्री जी: जब आप जीवन के सभी उतार-चढ़ाव के साथ खुश हैं तो आप निर्वाण प्राप्त कर चुके हैं। यदि कोई अपने विवेक का ठीक से प्रयोग करे तो निर्वाण सभी के लिए, हर समय संभव है।

कौन सा योग मन को एकाग्र करता है?

पत्री जी: पुस्तक पढ़ते समय जब आपका मन नहीं भटकता वरन एक जगह एकाग्र रहता है तो यह ज्ञान योग है। जब आप एक भजन गाते हैं और आपका मन नहीं भटकता तो यह भक्ति योग है। जब आप अपनी साँसों का निरीक्षण करते हैं और आपका मन नहीं भटकता तो यह ध्यान योग है।

ज्ञान योग, कर्म योग, भक्ति योग, राजयोग या ध्यान योग में मन नहीं भटकता और एकाग्र रहता है। इसलिए इसे योग कहते हैं। योग से भटकता हुआ मन एकाग्र हो जाता है। मन एकाग्र होने से आत्मा भी प्रसन्न होती है। जब तक मन भटकाव की स्थिति में होता है तब तक

आत्मा भी दुखी और भ्रम की स्थिति में रहती है। जब मन किसी भी योग से, किसी भी पद्धति से एकाग्र होता है तो आत्मा प्रसन्न होती है। तब आत्मा भी नियमित जीवन में कुछ वास्तविक परिणाम प्राप्त करती है इसलिए हमें योग की आवश्यकता है।

मुझे ज्ञान है पर फिर भी मैं दुखी होता हूँ। मेरे अंदर बहुत भावनाएं हैं और मैं रोता भी बहुत हूँ, मैं इसे कैसे नियंत्रित कर सकता हूँ?

पत्री जी: रोने को कम न आंकें। हमारे सात शरीर हैं। रोना हर मानव के भौतिक, मानसिक, भावनात्मक शरीर के लिए अच्छा है। यह सोचना कि रोना बुरा है हमारे अज्ञान को दर्शाता है। मैं चाहता हूँ कि सभी लोग रोएं। रोने के बाद आप बहुत खुश रहते हैं।

हम सभी कई किस्म की भ्रांतियों के शिकार हैं। हमें स्वयं को और दूसरों को रोने की अनुमति देनी चाहिए। भगवद गीता के पहले अध्याय का नाम 'विषाद योग है', रोना, योग है, रोग नहीं। अर्जुन भी रोए थे और यह अच्छी बात है। अगर अर्जुन को रोना नहीं आया होता तो यह विश्व भगवद गीता से वंचित रह जाता। अर्जुन ने भगवद गीता का माध्यम बनके मानवता की बड़ी सहायता की। अगर आपने यह प्रश्न नहीं पूछा होता तो दर्शकों को यह उत्तर नहीं मिल पाता।

रूदन जरूरी है इसलिए नवजात शिशु पैदा होने पर रोते हैं। अगर एक शिशु पैदा होने पर नहीं रोता तो हम चिंतित हो जाते हैं। इसलिए रूदन को नियंत्रित ना करें, आंसुओं को बहने दें। हाँ, बनावटी आँसू मत बहाएं !

हमें पूर्व-जन्म के कर्मों की चिंता करने की क्या जरूरत है? हमें पिछला जन्म याद नहीं होता फिर भी हमें पूर्व-जन्म के कर्मों को भुगतना पड़ता है।

पत्री जी: भूतकाल की चिंता मत करो पर इस जागरूकता में अवश्य रहो कि भूतकाल है। जागरूकता आवश्यक है, भूतकाल की चिंता करने

की जरूरत नहीं है। हम यहां भूतकाल की चिंता करने के लिए नहीं हैं, जो बीत गया सो बीत गया। हम यहां वर्तमान में जीने के लिए हैं, पर हमारा एक भूतकाल है, यह ज्ञान हमेशा रहना चाहिए।

वर्तमान भूतकाल से ही जन्म लेता है और भविष्य वर्तमान से ही आता है। हमारे भविष्य का निर्माण हमारी वर्तमान जीवन शैली से ही होता है। हमें वर्तमान में पूरी तरह ध्यानरत रहना है, यही हमारे स्वर्णिम भविष्य का निर्माण करेगा। हम सब यहां अपने भूतकाल की वजह से हैं। भूतकाल, वर्तमान और भविष्य मिलकर एक महान ब्रह्मांडीय निरंतरता है। हर किसी का एक भूतकाल है, फिर हम उसे जाने या ना जाने, माने या ना माने, यही सच्चाई है।

एक गिलास पानी में लाखों बैक्टीरिया होते हैं हालांकि हम उन्हें भौतिक आँखों से देख नहीं पाते। हम उन्हें देख नहीं पाते क्या इसका यह मतलब है कि पानी के गिलास में कोई बैक्टीरिया नहीं है। उस में लाखों बैक्टीरिया हैं जिन्हें माइक्रोस्कोप से ही देखा जा सकता है। ऐसे ही आसमान में लाखों सितारे हैं जिन्हें टेलीस्कोप से ही देखा जा सकता है। हम अपने चेतन मन से अपना भूतकाल नहीं समझ सकते। चेतन मन से सिर्फ वर्तमान को ही समझा जा सकता है। तो भूतकाल को समझने की कोशिश ना करें, बस उसका ज्ञान रखें।

भूतकाल ने वर्तमान का निर्माण किया है और वर्तमान भविष्य का निर्माण करेगा। मैं आज 73 वर्ष का हूँ। सभी 73 वर्षों ने मेरे 74वें वर्ष का सृजन किया है। आप 56 साल के हैं तो पिछले 55 सालों ने जो कि अतीत है, आपके 56वें साल का निर्माण किया है जो कि वर्तमान है। यह वर्तमान जीवन ही तय करेगा कि आप हजार साल जीते हैं या लाखों साल। यह आपके आज के कर्म पर निर्भर करता है। अतीत, वर्तमान और भविष्य एक विशाल ब्रह्मांडीय अविच्छिनक सत्य है।

देखिए मैं कैसे वर्तमान समय का उपयोग बेंगलूरु में बैठकर आपको मित्र बनाने में कर रहा हूँ जबकि आप पाकिस्तान में है। यही मेरे भविष्य

का निर्माण करेगा। मैं चाहता तो आपसे बात नहीं करता, सुबह सोता रहता। मैं आप में अपना समय निवेश करके अपना स्वर्णिम भविष्य बनाना चाहता हूँ। मैं आपसे मित्रता करना चाहता हूँ पर जब तक मैं वर्तमान में आपको समय नहीं दूंगा तो भविष्य में मित्रता कैसे होगी। आप आज की यह बातें हमेशा याद रखेंगे। आप जब भी भारत आएंगे, मैं आपको अपने घर पर आमंत्रित करूंगा। यह वर्तमान एक सुनहरे भविष्य का सृजन करने वाला है।

कोई भी व्यक्ति जो मिल रहा है उसे सुगमतापूर्वक कैसे स्वीकार कर सकता है? हम संघर्ष और प्रतिरोध को कैसे समाप्त कर सकते हैं?

पत्री जी: हम तैरना कैसे सीखते हैं? हम सीधे पानी में कूदते हैं। हम कूदने से डरते हैं क्योंकि हमें तैरना नहीं आता पर तैरना सीखने के लिए तो पानी में कूदना ही पड़ेगा। शुरुआत में कुछ मिनटों के लिए हमें ऑक्सीजन के लिए संघर्ष करना पड़ेगा पर हम जल्द ही उस पर विजय पा लेंगे और बहुत अच्छे तैराक बनेंगे। इसी तरह आप एक आत्मज्ञानी बन जाएंगे हालांकि इसमें कुछ वक्त लगता है।

सभी को अपने भविष्य को स्वीकार करना है हालांकि भविष्य के गर्भ में क्या छिपा है यह मालूम नहीं होता पर उसके लिए हमें तैयार रहना चाहिए। खुले मन से स्वीकार करना ही आत्म-जागृति है।

मैं अपने पुराने संस्कारों को नहीं छोड़ पा रहा हूँ। मैं इस बारे में समझता हूँ और जागरूक भी हूँ। मेरा शरीर संघर्ष कर रहा है और मन प्रतिरोध कर रहा है, मेरे अंदर कुछ विरोधाभास चल रहा है। पुराने संस्कारों को बदलने में शरीर और मन के द्वंद को कैसे समाप्त किया जा सकता है?

पत्री जी: सभी के मन और शरीर का संबंध भूतकाल से होता है पर आत्मा भविष्य से संबंधित होती है। हमारा शरीर और मन भूतकाल को छोड़ना नहीं चाहते जबकि आत्मा हमेशा भविष्य में रहती है। आत्मा

हमेशा स्वर्णिम भविष्य चाहती है इसलिए हमेशा शरीर-मन और आत्मा के बीच अंतराल रहता है।

शरीर और मन हमेशा पुरानी आदतों की तरफ मुड़ते हैं और आत्मा कहती है कि भूतकाल के संस्कार तोड़ो और भविष्य की तरफ रुख करो। हर व्यक्ति में यह संघर्ष चलता रहता है। व्यक्ति शरीर, मन और आत्मा तीनों से बना है। चूंकि शरीर और मन भूतकाल में रहते हैं आप हमेशा पुरानी बातों को दोहराना चाहते हैं पर आत्मा हर समय कुछ नया चाहती है। आत्मा भविष्य के सपने में रहती है। हम मूल रूप से आत्मा ही हैं। शरीर और मन के भूतकाल में रहने और आत्मा के भविष्य में रहने के लिए इनमें संघर्ष चलता रहता है। इस संघर्ष में जीत हमेशा आत्मा की होती है।

कृपया वह तीन बातें बताएं जिनका हमें विश्लेषण नहीं करना चाहिए?

पत्री जी: आपको 3 बातों का कदापि विश्लेषण नहीं करना चाहिए–

1. अपने या दूसरों के जीवन अनुभवों का विश्लेषण नहीं करना चाहिए। मेरी माँ का देहांत कैसे हुआ? मेरे बच्चा की मृत्यु क्यों हुई? इन सब बातों का आप कैसे विश्लेषण करेंगे? आपको इनका विश्लेषण नहीं करना चाहिए–मृत्यु तो होती ही है। मैं क्यों बीमार पड़ रहा हूँ। यह पूर्व कर्मों के कारण हो रहा है। मुझे लॉटरी में 1 करोड़ रुपये क्यों मिले? जीवन में ऐसी चीज़ें होती रहती हैं। आप इस 1 करोड़ रुपये का आनंद लीजिए।

2. इसी तरह ध्यान के अनुभवों का विश्लेषण मत कीजिए। जो कुछ होता है, कुंडलिनी का अनुभव या गर्म-ठंडा लगता है, उसका आनंद उठाइए।

3. इसी तरह सपनों का विश्लेषण मत कीजिए। रात में कई सपने आते हैं। कुछ बुरे सपने आते हैं। वह क्यों आ रहे हैं, इस पर मत सोचिए। सपने तो सपने हैं, बस!

जीवन अनुभव, ध्यान अनुभव और सपनों का विश्लेषण मत कीजिए। इन सबको अनुभव करें, जीवन में वही महत्वपूर्ण है। किसी को आत्महत्या नहीं करनी चाहिए। आपको अपनी जिंदगी का अंत नहीं करना चाहिए, जीवन का आनंद उठाएं। ऐसे ही जो भी सपनों में हो उसे अनुभव करें और आनंद लें। ध्यान अनुभव का भी आनंद लें।

कभी भी आत्महत्या ना करें और न ही किसी की हत्या करें। आपको इसका बहुत बुरा परिणाम भुगतना पड़ेगा चाहे आत्महत्या हो या हत्या। हत्या चाहे किसी पशु-पक्षी या मछली की हो। आप किसी को जीवन दे नहीं सकते तो किसी का जीवन लेने का भी आपको कोई अधिकार नहीं है।

जीवन लेने का परिणाम तो भुगतना ही पड़ता है। इसलिए अहिंसात्मक जीवन जिएं, किसी की जिंदगी में दखल भी न दें। ध्यान और जागृति से भरपूर जीवन जिएं। जितनी भी आपकी सामर्थ्य हो उतना दूसरों की मदद करें। जैसे मैं इस समय आपकी सहायता कर रहा हूँ। मैं पैसे से आपकी सहायता नहीं कर सकता क्योंकि मेरे पास पैसे नहीं हैं। मेरे पास ज्ञान है, वही मैं आपको दे सकता हूँ। मेरे पास कुछ जानकारी है वही आपसे साझा कर रहा हूँ। 40 वर्षों से मेरी जेबें खाली हैं तो मैं आपको पैसे नहीं अपना समय दे सकता हूँ। इस तरह मैं आपकी मदद कर रहा हूँ। आपको भी इसी तरह एक पक्षी, जानवर, पौधे, चट्टानों, मनुष्य और सभी की सहायता करनी चाहिए।

किसी भी चीज़ का विश्लेषण ना करें। मैं 40 वर्षों से ध्यान कर रहा हूँ पर कभी भी मैंने ध्यान अनुभवों का विश्लेषण नहीं किया। मैं हर दिन ध्यान सिखाता हूँ और दूसरों के ध्यान अनुभव ध्यान से सुनता हूँ पर मैं उनका विश्लेषण नहीं करता।

मैं अपने ध्यान अनुभव, जीवन अनुभव और सपनों को देखता हूँ पर मैं उनका विश्लेषण नहीं करता। मुझे भी बुरे सपने आते हैं, मैं भी उन्हें अनुभव करता हूँ। सिनेमा हॉल में जाकर हम पैसे देकर डरावनी

फिल्में देखते हैं लेकिन डरावने सपने हम बिना पैसा खर्च करके देखते हैं इसलिए डरावने सपनों का भी आनंद लें।

पिछले कुछ महीनों में मेरे जीवन में काफी परिवर्तन हुए हैं। शादी के बाद मैं विदेश में जाकर बस गया। मुझे ऐसा लगा जैसे मुझे समुद्र के किसी दूसरे छोर पर भेज दिया गया हो। वहां जाकर मुझमें बहुत आत्मविश्वास आ गया कि मैं किसी भी तरह के जीवन अनुभव, स्थिति और रिश्ते को संभाल सकता हूँ।

मुझे ज्यादा ज्ञान उन लोगों से मिला जो किसी चीज़ का विश्लेषण नहीं करते। वह अपने प्रतिदिन के जीवन अनुभवों को जीते हैं और उन क्षणों का आनंद उठाते हैं। यह अनुभव मेरे लिए आँख खोल देने वाला था उनकी कोई आध्यात्मिक पृष्ठभूमि भी नहीं थी। उनमें से कुछ लोग ध्यान करते थे पर ज्यादातर लोग प्रार्थना करते थे। जब मैं प्रार्थना और ध्यान को जोड़कर देखता हूँ तो मुझे लगता है दोनों एक ही हैं। ध्यान ने मुझे अनुशासन सिखाया जो कि मेरे जीवन में लगभग नहीं था और मुझे आंतरिक शक्ति प्रदान की। मुझमें आम आदमियों जैसी भावनाएं हैं। अब भी मैं नकारात्मक भावनाएं जैसे आहत, क्रोध आदि से दुखी होता हूँ। पहले मुझे भय होता था कि मैं इस दर्द को सह नहीं सकता पर यह दर्द तो जीवन में किसी ना किसी रूप में रहेगा ही। इस यात्रा में हमारा काम दर्द को दोस्त बनाना है क्योंकि दर्द बहुत कुछ सिखा सकता है। अब मैं समझ रहा हूँ कि यदि आंतरिक शक्ति साथ है तो खुशी अपने आप पीछे आएगी मुझे ध्यान करते हुए इसी राह पर रहना है। अगर मैं गलत हूँ तो कृपया मुझे सही करें।

पत्री जी: हाँ ! ध्यान हमारी आंतरिक शक्ति बढ़ाता है। शरीर की ताकत मांसपेशियों पर निर्भर है पर आंतरिक शक्ति ध्यान पर निर्भर है। मांसपेशियों को मजबूत करने के लिए आपको अभ्यास और योगासन

करना होगा और ध्यान अंदरूनी ताकत को बढ़ाता है। ध्यान का मतलब मन को अनुशासन में रखना है। ध्यान से आप मन को अनुशासन में रखते हैं, अपनी साँसों का निरीक्षण करके आप अपने विचारों पर अंकुश लगाते हैं। बिना अनुशासन के मन यहां-वहां भटकता है।

मैं पिछले 40 वर्षों से मन का अनुशासन सिखा रहा हूँ। मन को अनुशासित करने के लिए आप अपनी आँखें बंद करें और अपनी प्राकृतिक साँसों का निरीक्षण करें। मन-मस्तिष्क का कोई विश्लेषण नहीं करना है सिर्फ उसे अनुशासन में रखना है। आनापानसति ध्यान करने से गैर-अनुशासित मन अनुशासन में आता है। जो भी आपके संपर्क में आता है, दोस्त, रिश्तेदार, पड़ोसी, सभी को आनापानसति ध्यान बताएं। उनका विश्लेषण न करें। यह आपकी उनको सच्ची सहायता होगी।

कोई पशु, पक्षी, समुद्री जीव दूसरे का विश्लेषण नहीं करते। यह आदत सिर्फ मानव में है इसलिए सिर्फ मानव ही विक्षिप्त होते हैं। पशु सोचते हैं मनुष्य मूर्ख है, कोई पशु विक्षिप्त नहीं है। ध्यान का अर्थ ही विश्लेषण रहित होना है। मैं जैसा हूँ, अपने को स्वीकार करता हूँ। आप जैसे हैं, मैं आपको भी स्वीकार करता हूँ। मुझे कोई बेवकूफ समझता है, तो समझे। मैं एक पशु, पक्षी जैसे खुश हूँ और आपके लिए भी यही चाहता हूँ।

आध्यत्मिक विज्ञान

सभी भौतिक कष्ट मानसिक चिंता से होते हैं। सभी मानसिक कष्ट बुद्धि की अपरिपक्वता के कारण हैं और बौद्धिक अपरिपक्वता आध्यात्मिक ऊर्जा, आध्यात्मिक जागृति की कमी की वजह से है।

हम वस्तुतः यह भौतिक शरीर नहीं हैं, हम चेतना के सुंदर शाश्वत आवरण हैं। जो कुछ हम प्राप्त करते हैं, वो सूचनाएं हैं। हम जो संरक्षण करते हैं, वो ज्ञान है। जो हम प्रयोग में लाते हैं वो बुद्धि है और बुद्धि का उपकरण हमारी चेतना है।

सकारात्मक विचार और सकारात्मक अनुभव हमारी जीवन शक्ति को बढ़ाते हैं। हम ब्रह्मांडीय प्राणी हैं जो अस्थाई रूप से मानव शरीर में हैं। हमारा न कोई आरंभ है न कोई अंत है। हमारा मूल स्वभाव हमारी उच्च परिकल्पना से भी परे है। हम अपना स्वर्ग खो चुके हैं और हमें उसे पुनः पाना है। हम अपनी शक्ति और एकाग्रता से ही ऊपर उठते हैं। हम अपनी कमजोरियों से नीचे गिरते हैं। अपने निर्णयों से ही हम आगे बढ़ते हैं या भटकते हैं। जैसे-जैसे हम अपनी आध्यात्मिक विज्ञान की शिक्षा और ध्यान बढ़ाते हैं, हम अपने परमात्म स्वरूप की ओर बढ़ते हैं। जितना हम अपने परमात्म स्वरूप की तरफ बढ़ते हैं उतना ही हमारे जीवन में उत्साह बढ़ता है और यही हमारे जीवन का उद्देश्य है।

आत्मा क्या है?

पत्री जी: आत्मा, ऊर्जा और चेतना का कण है। यह बुद्धि का भी कण है। ECW: E Energy–ऊर्जा, C consciousness चेतना, W wisdom बुद्धि। आत्मा ऊर्जा, चेतना और बुद्धि का सम्मिश्रण है। जब भी हम अध्यात्म की बात करते हैं तो हम केंद्र बिंदु यानी हृदय की बात करते हैं जो आत्मा है।

हृदय और आत्मा में क्या अंतर है?

पत्री जी: जब आप हृदय की बात करते हैं तो वह कोई शारीरिक अंग जैसे लीवर, किडनी नहीं है। हृदय हमारे केंद्र को दर्शाता है। हमारे केंद्र का मुख्य स्थान हृदय है। हम कहते हैं "हृदयपूर्ण भाषण दो" अर्थात अपने केंद्र से जुड़कर बोलो।

आत्मा अध्यात्म का हृदय और केंद्र है। आत्मा के बिना कोई अध्यात्म नहीं है। जब भी हम अध्यात्म की बात करते हैं तो आत्मा की ही बात होती है क्यूंकि आत्मा ही आध्यात्मिकता का हृदय है।

व्यक्ति आध्यात्मिक कब होता है?

पत्री जी: हम सभी आत्मा हैं। जब हम इस बात को भूल जाते हैं तो अध्यात्म से दूर हो जाते हैं। जब हम अपने आप को भौतिक शरीर के रूप में ही पहचानते हैं, मैं पुरुष हूँ, मैं महिला हूँ, मैं 50 वर्ष का हूँ, मैं 40 वर्ष की हूँ, मेरे बाल सफेद हो रहे हैं, मेरी मृत्यु होने वाली है, यह सारी व्यर्थ बातें शरीर को लेकर ही हैं, यह अध्यात्म नहीं है। जब आप आत्मा के स्तर पर बात करते हैं जो अध्यात्म का हृदय है तो आप आध्यात्मिकता की बात कर रहे हैं।

आध्यात्मिकता हमें विरोधाभास के साथ जीना सिखाती है। कृप्या इसकी व्याख्या करें?

पत्री जी: हाँ ! आध्यात्मिकता विरोधाभास ही है। जहां सारे विरोधी तत्व एक साथ सत्य हैं; मृत्यु है, मृत्यु नहीं है; विकास है, विकास नहीं है; पीड़ा है, पीड़ा नहीं है; आप सभी के प्रति अच्छे हैं, आप किसी के प्रति अच्छे नहीं हैं; ये सारे विरोधाभास एक साथ अस्तित्व में रहते हैं। जब आप विरोधाभास को समझते हैं तब आप सही अर्थ में अध्यात्म को समझते हैं। जब तक आप विरोधाभास को नहीं समझते तब तक अध्यात्म को भी नहीं समझ सकते।

अध्यात्म इतनी खूबसूरत स्थिति है कि हम हर समय उसी में रहना चाहते हैं। पुस्तकों के अध्ययन, ध्यान करने, मित्रों, परिवार और बच्चों को ध्यान सिखाने के लिए 24 घंटे पर्याप्त नहीं हैं। अध्यात्म में रहते हुए मैं परिवार और आध्यात्मिक जरूरतों के बीच ठीक से संतुलन नहीं कर पा रहा हूँ। कृपया संतुलन का मार्ग बताएं?

पत्री जी: आपको सही संतुलन रखना है। आपका 50% समय भौतिक कर्तव्य को पूरा करने और बाकी 50% आध्यात्मिकता में लगना चाहिए। आपको अपने भौतिक कर्तव्य भी पूरे करने चाहिए और अपना आध्यात्मिक उत्थान भी करना चाहिए। जीवन में एक संतुलन होना

चाहिए। जल्दबाजी में न रहें। आध्यात्मिक उत्थान की भी जल्दी न करें और साथ ही भौतिक कर्तव्य में ही न उलझे रहें। आपको पूरी निष्ठा से अपने भौतिक कर्तव्य करने चाहिए पर उस में उलझना नहीं है। आध्यात्मिक अभ्यास के लिए पर्याप्त समय देना चाहिए ताकि आप दोनों कार्यों के लिए दिन में 12-12 घंटे का वक्त निकाल सकें। यही PSSM का संतुलन मापदंड है।

क्या आध्यात्मिक कार्य ऊर्जा देता है?

पत्री जीः आध्यात्मिक लोगों के लिए आध्यात्मिक कार्य एक खेल जैसा है। आध्यात्मिक कार्य मन की शांति और भरपूर ऊर्जा देता है। आध्यात्मिक कार्य अपने आप में संपूर्णता देता है।

क्या अपनी जागरूकता बढ़ाने की कोई विशेष तकनीक है?

पत्री जीः पूरी आध्यात्मिकता की यही उपलब्धि है। आध्यात्मिकता यानी योग, योग का अर्थ अपने से जुड़ाव, अपने को समझना। जब आप कोई भी योग करते हैं–भक्ति योग, कर्म योग, ध्यान योग, ज्ञान योग, हठ योग या और कोई योग, आप अपनी एकाग्रचित्त होने की क्षमता को बढ़ाते हैं। जब आप भगवद गीता का पाठ सुनते हैं तब आप ज्ञान योग में होते हैं; जब कपड़े सिल रहे होते हैं या भोजन बना रहे होते हैं, तब आप कर्म योग में होते हैं। किसी भी योग से आपकी एकाग्रता और क्षमता बढ़ती है। संपूर्ण योग अपनी क्षमता बढ़ाने का प्रवेशद्वार है।

हम "सब कुछ ठीक है" की स्थिति में कैसे आते हैं?

पत्री जीः जब आप एक पूर्णात्मा बनते हैं तब आप इस स्थिति में आ जाते हैं; या यूं कहें जब आप इस स्थिति में आते हैं तो पूर्णात्मा हो जाते हैं। कई जन्मों के बाद पूर्णात्मा बनने का सौभाग्य मिलता है। सभी की मंजिल पूर्णात्मा ही है और सभी को उस लक्ष्य तक पहुँचना है। कोई मार्गदर्शन न होने पर भी सभी का उद्देश्य पूरा होता है क्योंकि प्राकृतिक

रूप से अंशात्मा पूर्णात्मा में विकसित होती है। बिना मार्गदर्शन के भी वहां पहुंचना ही है।

ध्यान में हम ज्यादा से ज्यादा ध्यान केंद्रित करते हैं और हमेशा मन-मस्तिष्क की बात करते हैं। मन-मस्तिष्क का स्रोत क्या है?

पत्री जी: जब आत्मा शरीर में प्रवेश करती है तो आत्मा को ही मन कहते हैं। सूर्योदय; होता है या नहीं होता है? सूर्योदय नहीं होता है पर हम कहते हैं सूर्योदय हो रहा है, यह मन का दृष्टिकोण है। आत्मा के लिए ना सूर्योदय होता है ना सूर्यास्त होता है। यह आत्मा का दृष्टिकोण है पर हम हर जगह सूर्योदय का जिक्र करते हैं, यह मन है। हम प्रतिदिन खूबसूरत सूर्योदय और सूर्यास्त देखते हैं, यही सत्य है। हम प्रतिदिन उसकी प्रतीक्षा करते हैं। मन की गतिविधियां बहुत सुंदर हैं। इसी तरह मन द्वारा रचित द्वन्द भी सूर्योदय और सूर्यास्त जैसा ही सुंदर होता है। सच्चाई यह है कि ना कोई सूर्योदय है और ना ही सूर्यास्त है, यह अध्यात्म है। पृथ्वी के दृष्टिकोण से सूर्यास्त को मन कहते हैं। सूर्य के समक्ष पृथ्वी एक घूमती हुई गेंद है। जब आप सूर्य के दृष्टिकोण से देखते हैं तो यह अध्यात्म है, यही आत्मा है। जब आप पृथ्वी के दृष्टिकोण से देखते हैं तो यह मन है।

जब आप धरती से चंद्रमा को देखते हैं तो वह बड़ा खूबसूरत दिखता है। पर जब आप चंद्रमा पर पहुंचते हैं तो वहां कोई सुंदरता नहीं दिखाई देती। वहां कोई पेड़ पौधे नहीं हैं, पानी नहीं है। वहां से पृथ्वी बड़ी खूबसूरत दिखाई देती है। पर हम पृथ्वी से पृथ्वी की सुंदरता को नहीं देखते। जब आप चंद्रमा पर जाते हैं तो उसे कतई सुंदर नहीं पाते, यह पृथ्वी ही खूबसूरत है।

जब आप आत्मा के स्तर पर आते हैं तो समझ जाते हैं कि मन कितना खूबसूरत है। जब आप मन के स्तर पर होते हैं तो आत्मा सुंदर लगती है। जब आप भौतिकवाद में होते हैं तो अध्यात्म आकर्षित करता है और अध्यात्म में भौतिकता आकर्षित करती है। यही विचित्र

विरोधाभास है। धरती से चंद्रमा सुंदर लगता है और चंद्रमा से धरती सुंदर लगती है। भौतिकवाद के नजरिए से अध्यात्म आकर्षक लगता है और अध्यात्म के दृष्टिकोण से भौतिकवाद आकर्षक है। पिरामिड मास्टर के लिए हर जगह खूबसूरती है।

क्या आप हमें समानांतर वास्तविकता और समानांतर ब्रह्मांड के बारे में बता सकते हैं?

पत्री जीः क्या बेंगलूरु, विशाखापट्टनम, दिल्ली, न्यूयॉर्क या टोक्यो है? ये सब हैं। ये सब समानांतर वास्तविकता है। किसी ना किसी आवृति में सभी कुछ हमेशा होता है। एक आवृति में जीसस को सूली पर चढ़ाया जा रहा है तो दूसरे आवृति में जीसस का अभी जन्म भी नहीं हुआ है और किसी अलग आवृति में जीसस की मृत्यु 2500 वर्ष पूर्व हो गई थी। हम अभी इस आवृति में हैं। ये सभी समानांतर सच्चाइयां हैं। जब आप समानांतर सच्चाइयों को समझने लगेंगे तो आध्यात्मिकता का पूरा प्रसंग समझ जाएंगे, हालांकि यह सब समझना इतना सरल नहीं है।

क्या काला जादू होता है? काले जादू की संकल्पना क्या है?

पत्री जीः काला जादू भी है और सफेद जादू भी है। जादू एक सोच है और सोच ही जादू है। अगर नकारात्मक विचार हैं तो वो काला जादू है और सकारात्मक विचार हैं तो वह सफेद जादू है। दूसरों के लिए काले जादूगर नहीं सफेद जादूगर बनिए, यही आध्यात्मिकता है।

क्या हम कोरोना वायरस को ध्यान द्वारा क्षमादान देकर उसे धरती माँ में वापस लौटने का आवाहन कर सकते हैं?

पत्री जीः कोरोना वायरस सभी के लिए अच्छी सेवा दे रहा है, वह किसी को कष्ट नहीं दे रहा है। उसने हमें शिक्षा देना शुरू किया है, सारी मानव जाति को शिक्षा देनी है। हम परिवर्तन का स्वागत करते हैं। हर परिवर्तन आत्मा के उत्थान के लिए होता है।

समस्याओं को किस नजर से देखना चाहिए और मूलभूत सच्चाई क्या है?

पत्री जी: बहुत सारी प्रतिभाएं आत्मा के नीचे दबी रहती हैं और जब कोई चुनौती आती है तो वह सामने आती हैं, समस्याओं को इस दृष्टि से देखना चाहिए। जब मुश्किलें सामने होती हैं तो आप जीवन और मृत्यु की सभी मूलभूत वास्तविकताओं को भूल जाते हैं। मृत्यु जैसी कोई चीज़ नहीं है, आप ही ईश्वर हो, आप एक शाश्वत आत्मा हो, यह तथ्य आपको हमेशा स्मरण रखना है। ये मूलभूत सच्चाइयाँ सभी के लिए हैं तो इन्हें आप भूल ही नहीं सकते अन्यथा इसका दंड भुगतना पड़ता है। इन्हें हमेशा याद रखकर अपने रक्तसंचार का हिस्सा बनाना है। इसलिए हमें सतत ध्यान, आध्यात्मिक विज्ञान, स्वाध्याय, सज्जन सांगत्य की आवश्यकता है ताकि ये हमारे जीवन का अनिवार्य हिस्सा बन जाएं।

आत्मज्ञान और ब्रह्मज्ञान में क्या अंतर है?

पत्री जी: जब आप यह समझ जाते हैं कि आप शरीर नहीं आत्मा हैं तो यह आत्मज्ञान है। जब आप यह समझ जाते हैं कि आत्म तत्व सभी जगह है तो यह ब्रह्मज्ञान है। आप यह समझ जाते हैं कि व्यक्तिगत आत्मा अलग है और साथ ही आत्म तत्व सभी जगह है। जब आप आत्म तत्व और सभी चीज़ों में चेतना की बात समझ जाते हो तो यह ब्रह्मज्ञान है। आपकी चेतना इसी चेतना का हिस्सा है। आत्मा को जानना आत्मज्ञान है और आत्मतत्व को जानना ब्रह्मज्ञान है।

आध्यात्मिक वैज्ञानिक स्वभाव क्या है?

पत्री जी: हमारा स्वभाव हमारे पिछले जन्मों से बनता है। हमें सभी चीज़ों को तीन आयामी वास्तविकता के साथ और बहुआयामी दृष्टिकोण से भी देखना है। तीन आयाम से देखने वाला वैज्ञानिक होता है और जो बहुआयामी दृष्टिकोण से देखता है वह आध्यात्मिक होता है। ये दोनों मिलकर आध्यात्मिक वैज्ञानिक स्वभाव बनता है।

आध्यात्मिक वैज्ञानिक स्वभाव को आप दैनिक जीवन में कैसे प्रयोग करते हैं?

पत्री जी: मैं इतना बड़ा जन-अभियान आध्यात्मिक वैज्ञानिक स्वभाव के कारण ही चला रहा हूँ। मैं जानता था कि आध्यात्मिक विज्ञान के पास सभी समस्याओं का समाधान है, बस मैंने उसे दैनिक जीवन में अपनाना शुरू कर दिया। इसी आध्यात्मिक वैज्ञानिक स्वभाव से संगीत ध्यान, पिरामिड ध्यान, सामूहिक ध्यान, पूर्णिमा ध्यान, वन ध्यान, योग परंपरा और दूसरे विचार आने शुरू हुए।

स्वार्थपूर्ण दृष्टिकोण क्या है?

पत्री जी: "मैं हर व्यक्ति को अपने जैसा देखना चाहता हूँ" यह बहुत ही स्वार्थपूर्ण दृष्टिकोण है। यदि मैं पढ़ रहा हूँ तो सभी को पढ़ना चाहिए; यदि मैं ध्यान कर रहा हूँ तो सभी को ध्यान करना चाहिए; यदि मैं सिखा रहा हूँ तो सभी को सिखाना चाहिए य यदि मैं समाज में कुछ योगदान कर रहा हूँ तो सभी को योगदान करना चाहिए। यह बहुत ही स्वार्थपूर्ण दृष्टिकोण है।

आंतरिक और बाह्य संतुष्टि के लिए हमें क्या चाहिए?

पत्री जी: आंतरिक मौन और बाह्य स्वीकार्यता अति आवश्यक है। आपके अंदर मौन और बाहर स्वीकार भाव होना चाहिए, किसी भी चीज़ को नकारना नहीं है। आपको अपनी स्थितियों और अनुभवों को शांतिपूर्वक देखना चाहिए। अंदर शांति होनी चाहिए। ट्रैफिक का ही उदाहरण ले लीजिए। अगर आप ट्रैफिक में फंसे हैं और हिल भी नहीं सकते तो आपको इसी स्थिति को स्वीकार करना होगा। आप शायद काम पर लेट हो जाएं पर आपको विचलित नहीं होना है क्यूंकि अब आप कुछ नहीं कर सकते, केवल अपनी मजबूरी बता सकते हैं।

दूसरा उदाहरण, आप एयरपोर्ट पर हैं और आपकी फ्लाइट रद्द हो गई है। आप क्या करेंगे? दूसरी फ्लाइट का इंतजार करेंगे। आपको शांत

रहकर स्थिति को स्वीकार करना होगा। आपको आंतरिक शांति और बाह्य स्वीकार भाव के साथ रहना होगा।

सहज बोध क्या है?

पत्री जी: आपके अंदर की आवाज ही सहज बोध है। सहज बोध आपके सबसे बड़े गुरु में से एक है। एक बाहरी शिक्षा है और एक आंतरिक शिक्षा है। आंतरिक शिक्षा आप तब सुनते हैं जब आप ध्यान करते हैं अन्यथा नहीं।

मेरा आज्ञा चक्र फड़कता है और यह संवेदना मुझे पूरे दिन होती रहती है। क्या आप मुझे इसका अर्थ समझा सकते हैं?

पत्री जी: यदि आज्ञा चक्र फड़कता रहता है तो उसे फड़कने दीजिए। आपका उससे क्या संबंध है? सभी की अपनी रुचि या इच्छा होती है। आज्ञा चक्र की अपनी इच्छा है।

जब लोग आपसे ऐसे प्रश्न पूछते हैं जो "क्यों" से शुरू होते हैं तो आप उनका उत्तर "क्यों नहीं" से क्यों देते हैं?

पत्री जी: 'क्यों' का उत्तर हमेशा 'क्यों नहीं' ही होता है। प्रकृति आपको 'क्यों नहीं' सिखाती है। लोग पूछते हैं 'क्यों' और प्रकृति कहती है 'क्यों नहीं'। प्रकृति आपको हमेशा रोमांच देती है और कहती है 'क्यों नहीं'। प्रकृति आपको परिचित से अपरिचित में ले जाती है इसलिए मानव हिचकिचाता है और पूछता रहता है क्यों, क्यों? प्रकृति कहती है, मृत्यु क्यों नहीं? ध्यान क्यों नहीं? जागृति क्यों नही? प्रकृति क्यों नहीं? समर्पण क्यों नहीं? जब तक आप फल को मुह में नहीं डालेंगे उसका स्वाद कैसे पता चलेगा। यह बात हर घटना पर लागू होती है। आपको हर अनुभव को जीना, चखना और समझना होगा तभी आप आनंदित और अनुभवी होंगे। हर 'क्यों' का उत्तर 'क्यों नहीं' ही है। यह कथन हमें यही सिखाता है कि प्रकृति से जुड़ो और समर्पित हो जाओ।

क्या हम अपने जीवन का स्वयं सृजन करते हैं?

पत्री जी: जब जीसस को सूली पर चढ़ाया जा रहा था तो उन्होंने नहीं पूछा 'क्यों'? उन्हें मालूम था कि ऐसा होगा। उन्होंने ही धरती पर आने से पहले इसकी सृजन किया था। हम सभी वही अनुभव करते हैं जो रचना कर के आए हैं, इसके बिना कुछ नहीं होता। बुद्ध ने अपनी जिंदगी का सृजन किया, मैंने अपनी जिंदगी का सृजन किया है। हम अपने ही सृजन की शिकायत कैसे कर सकते हैं, यह तो बहुत बड़ी नादानी होगी।

अध्यात्म में क्या जानना जरूरी है?

पत्री जी: आध्यात्मिकता इस ज्ञान को समझना है कि हम अपनी जिंदगी के स्वयं रचनाकार हैं। यह जानना आवश्यक है ताकि हमें भगवान, प्रकृति, समाज, माता–पिता, बच्चों आदि के प्रति कोई शिकायत ना रहे, क्योंकि यह सब हमारी ही रचना है।

हम अपनी रचना को कैसे स्वीकार करें?

पत्री जी: जब हमें यह समझ होती है कि हम अपनी जिंदगी की रचना जन्म से पूर्व ही कर के आए हैं तो हम उसे स्वीकार करते हैं। नहीं तो हम हमेशा अपने जीवन में संघर्ष करते रहते हैं मेरे साथ यह क्या हुआ है? क्यों हुआ है? मैं ही क्यों? वगैरह–वगैरह।

मध्य मार्ग क्या है?

पत्री जी: मध्य मार्ग सभी चीज़ों का समावेश है। जब आप मध्य मार्ग में होते हैं तब आप सभी कार्य करते हैं। आप की दिनचर्या में सब कुछ सम्मिलित रहता है। आप भौतिक जीवन के लिए आध्यात्मिकता को नहीं त्यागते और आध्यात्मिक जीवन को भौतिकता के लिए नहीं त्यागते। आप अपने जीवन के सभी पहलुओं को संतुलित करते हैं।

बुद्ध ने अपनी यात्रा में क्या खोजा?

पत्री जी: बुद्ध ने पाया कि दुख और लालच हर जगह है। जो दूसरे नहीं देख पाए वह बुद्ध ने देख लिया। दूसरे हर जगह लालच को नहीं देख पाए उनके हिसाब से उनका लालच उनकी जरूरत है।

पीड़ा का क्या कारण है?

पत्री जी: लोग लोभी हैं। पूरा समाज लालची है। आप एक ऐसे समाज में जन्मे और बड़े हुए हैं जो लोभी है, जागृत नहीं। अपनी मानसिकता के कारण हम सभी लोभी हैं और यही हमारी पीड़ा का कारण है। बुद्ध ने कहा है तृष्णा के कारण पीड़ा है। तृष्णा लोभ ही है।

दुख का मूल कारण क्या है?

पत्री जी: लोग लोभी है, पूरा समाज लालची है। आप एक ऐसे संसार में जन्मे और बड़े हुए हैं जो आत्मज्ञानी नहीं, लोभी है। हम सभी अपनी परवरिश के कारण लोभी हैं और यही हमारी पीड़ा का कारण है। बुद्ध ने कहा है तृष्णा के कारण पीड़ा है और तृष्णा लोभ ही है।

दुख का कारण क्या है?

पत्री जी: दुख का कारण लोभ है। लोभ सूक्ष्म रूप में आंतरिक संसार और बाहरी संसार दोनों में है। आंतरिक संसार से बाहरी संसार का निर्माण होता है। अगर लालच नहीं है तो कोई दुख भी नहीं है।

आवश्यकता और लालच में क्या अंतर है?

पत्री जी: आवश्यकता और लालच दो अलग-अलग चीज़ें हैं। मनुष्य की आवश्यकता जरूर पूरी होनी चाहिए पर लालच कभी पूरा नहीं होता। लालच का कोई अंत नहीं है। जब आपका लालच दूसरे की जरूरत या उनके लालच से टकराता है तो संघर्ष और झगड़ा शुरू होता है।

हर जगह लालच क्यों है?

पत्री जी: मालिक के लालच के विरुद्ध नौकर का लालच, कार्यस्थल पर प्रबंधक के लालच के विरुद्ध अधिनस्थ कर्मचारी का लालच, सभी जगह और सभी लोगों में लालच है। चाहे कार्यालय हो, घर, सरकार या एन.जी.ओ हो, सभी जगह लालची लोग हैं। आध्यात्मिकता लोभ की मूल भावना पर कार्य करती है, सभी को इससे बाहर निकलना ही होगा।

लालच कहां से आता है?

पत्री जी: ध्यान की कमी से लालच होता है। यदि आप एक पौधे को कमजोर जमीन पर लगाओगे तो पौधा भी कमजोर होगा। दूसरी ओर एक अच्छी जमीन पर लगा पौधा मजबूत होगा। चूंकि चारों तरफ लोभी लोग हैं इसलिए हम उन्हें ध्यान सिखाते हैं जिससे उनका लोभ दूर हो सके। सामंजस्य अलग चीज़ है और समझौता अलग चीज़ है। हम अपने सिद्धांतों से समझौता नहीं करते, हम अपनी परिस्थितियों से सामंजस्य करते हैं।

हम अपने लोभ से कैसे छूट सकते हैं?

पत्री जी: लोभ ध्यान की कमी से आता है और नियमित ध्यान से ही लोभ दूर होगा। इसी कारण हमने पिरामिड स्पिरिचुअल सोसायटी मूवमेंट शुरू की है ताकि सभी लोगों को ध्यान सिखाकर उन्हें लोभ से छुटकारा दिला सकें।

हम अपने लोभ को कैसे नियंत्रित कर सकते हैं?

पत्री जी: लोभी लोग हर किसी के दुख का कारण हैं। आपकी प्रेरण आपकी आवश्यकता होनी चाहिए न कि आपका लालच। आपको अपनी एक सीमा निर्धारित करनी है कि आपको अपने से और दूसरों से कितना लेना है।

लालच मनुष्य को क्या बना देता है?

पत्री जी: लालच मनुष्य को विवेकहीन बना देता है और आप दूसरों की निष्ठा पर अपने संदेह के कारण, अतिक्रमण करते हैं।

एक लोभी व्यक्ति को हम दूसरों को समझने में सक्षम कैसे बना सकते हैं?

पत्री जी: मालिक नौकर की निष्ठा पर संदेह करता है और नौकर मालिक की निष्ठा पर संदेह करता है। इस तरह दोनों लोभी लोग एक दूसरे के प्रति गलतफहमी का शिकार होते हैं। अगर दो लोगों में एक लोभी न हो तो वह दूसरे को अच्छी तरह समझ सकता है और सहयोग करता है। एक लोभी व्यक्ति दूसरे को नहीं समझ सकता।

करुणा क्या है?

पत्री जी: लालच की प्रवृति न हो तो करुणा आती है और लालची प्रवृति के व्यक्ति में क्रूरता होती है।

क्या मृत्यु उपरांत जीवन महत्वपूर्ण है?

पत्री जी: ध्यान आपको अपने बारे में विस्तृत जानकारी देता है-आप ने जन्म क्यों लिया, आपको क्या करना चाहिए, मृत्यु क्या है? आप जानते हैं कि मृत्यु के बाद जीवन है। ध्यानी मृत्यु के बाद के जीवन की तैयारी करते हैं, ना कि मृत्यु के पहले के जीवन की। गैर ध्यानी जरूर मृत्यु के पहले जीवन की चिंता करते हैं। ध्यानी जीवन के दौरान हुई हानि की चिंता नहीं करते। अगर आप मरणोपरांत जीवन की फिक्र नहीं करते तो मृत्यु से पहले का जीवन कष्टकारी होता है। जब तक आप ध्यान में नहीं आते तब तक आप लोभी रहेंगे। यहां तक कि धार्मिक लोगों में भी सूक्ष्म रूप में लोभ और क्रूरता रहती है।

एक साधक या ध्यानी की दिनचर्या क्या होनी चाहिए?

पत्री जी:

* आपको बहुत ध्यान करना चाहिए।
* आपको सभी आध्यात्मिक पुस्तकें पढ़ना चाहिए।
* आपको दूसरों के अनुभव सुनना चाहिए।
* आपको मौन रहना चाहिए।
* आपको ध्यान सिखाना चाहिए।
* आपको शाकाहारी होना चाहिए।

क्या हमें जीवन में सिद्धांतों की आवश्यकता है?

पत्री जी: हमें सिद्धांतों के साथ रहना चाहिए और PSSM सभी सिद्धांतों को स्पष्ट करता है। मूलभूत और प्राथमिक सिद्धांत-ध्यान है। हमें अपने मन को नियंत्रित करने के लिए कुछ समय समर्पित करना चाहिए। जिस तरह आप अपने शरीर को अनुशासित करने के लिए जिम जाते हैं, इसी तरह मन को अनुशासित करने के लिए ध्यान केंद्र में जाना चाहिए। हर जगह पिरामिड आ रहे हैं जिनमें लोग अपने मन को अनुशासित करने के लिए ध्यान करने जाते हैं। वह शांति से घंटों बैठते हैं और अपनी साँसों का अवलोकन करते हैं।

इच्छा होना अच्छा है या बुरा?

पत्री जी: इच्छा होना महत्वपूर्ण है, असीमित इच्छा होने से समस्या है। अपनी इच्छा के लिए एक जानवर को मारकर खाना बुरी इच्छा है। अगर आप पहले से मरा हुआ जानवर खाते हैं तो भी ठीक है क्योंकि आपने उसे नहीं मारा है। आप एक मरा हुआ पशु ढूँढ़ते हैं और उसे खाते हैं तब आप किसी को नुकसान नहीं पहुंचा रहे हैं पर आप तो किसी जीवित जानवर को मारकर खा रहे हैं। आपके लालच और इच्छा ने उसका जीवन समाप्त किया है।

जो जितनी जल्दी ऊपर जाता है वह उतनी जल्दी नीचे भी आता है तो क्या इसका मतलब एक वर्तुल पूरा होने से है, ऐसा क्यों है?

पत्री जी: आध्यात्मिकता का अर्थ स्थायित्व भाव में रहना है। भौतिकवाद का अर्थ अस्थायित्व है। आपको अपना ध्यान अस्थायित्व से स्थायित्व की ओर लेकर जाना है।

मौन का क्या महत्व है?

पत्री जी: संवाद चाँदी है .. मगर मौन सोना है। Speech is silver, Silence is gold.

क्या हम सूक्ष्म लोक के मास्टर का आवाहन करके उनसे बात कर सकते हैं?

पत्री जी: जब शिष्य तैयार होता है तो मास्टर अपने आप प्रत्यक्ष हो जाता है। केवल ध्यान करने से ही आप मास्टर से मिलने के लिए तैयार होते हैं।

कर्म क्या है? मुझे कैसे पता चलेगा कि मैं ईश्वर या आत्मा हूँ? मैं आत्मज्ञान पाने के लिए क्या कर सकता हूँ?

पत्री जी: कर्म के बारे में जानने के लिए ध्यान करें ! आत्मा को समझने के लिए ध्यान करें! आत्मज्ञान कैसे पाएं, यह जानने के लिए ध्यान करें !

हम आत्मज्ञान कैसे पा सकते हैं?

पत्री जी: आत्मज्ञान पाना एक मुश्किल कार्य है। सहनशील और शांत बनें और सभी प्रणालिकाओं का एक-एक कर प्रयोग करें। गौतम बुद्ध 500 गुरुओं के पास गए और सभी प्रणालिकाओं को एक के बाद एक आजमाया और अंत में अपना मार्ग स्वयं पाया। इसका कोई सुगम छोटा रास्ता नहीं है। बुद्ध का अनुसरण करें और स्वयं बुद्ध बनें !

अहंकार क्या है? उसे कैसे पहचाना जा सकता है? क्या मैं, मेरा, मुझे, इत्यादि अहंकार के सूचक हैं।

पत्री जी: नहीं ! सर्वप्रथम कोई अहंकार नहीं है, लोगों में सिर्फ अज्ञान है। अहंकार सिर्फ एक बाहरी छलावा है, अंदर से सभी मासूम और पवित्र हैं। लोगों को समाज में ऐसे व्यवहार करना पड़ता है जैसे वो अहंकारी हों। मैंने अभी तक अहंकार नहीं देखा है क्योंकि उसका अस्तित्व ही नहीं है। अज्ञान अवश्य है।

जैसे एक बीज से वृक्ष आता है, क्या आप वृक्ष में बीज को देख सकते हैं? इसी प्रकार हर मनुष्य की यात्रा अहंकार से ही शुरू होती है और विकसित होने की प्रक्रिया में अहंकार स्वत: ही विलीन हो जाता है। इसलिए PSSM में हम अहंकार को दूर करने का प्रयास नहीं करते, हम सिर्फ ध्यान करते हैं।

हम अपनी बुद्धि के द्वार कैसे खोलें?

पत्री जी: इसके लिए हमें अपनी नादानियों से बाहर निकलना होगा और कोई तरीका नहीं है। हमें ज्यादा से ज्यादा ध्यान करना होगा। प्रत्येक मास्टर अपने शैतान मन को पूरी तरह नष्ट करता है। प्रत्येक व्यक्ति को मास्टर बनना है। ध्यान को ज्यादा समय दें और घर वालों से विवाद कम करें। ध्यान के बाद प्रश्नोत्तर और अनुभव साझा करने वाले सत्र में हिस्सा लेना बहुत जरूरी है। इस तरह हम अपनी बुद्धि के द्वार खोलते हैं।

जुड़ाव और अलगाव क्या है?

पत्री जी: अपने आप को ध्यान के केंद्र या महत्वपूर्ण स्थान से हटाना अलगाव है। जहाँ भी, जब भी आप किसी विशेष परिस्थिति में अपने को अप्रासंगिक पाते हैं तो वहां से हटना ही अलगाव है।

जागरूकता का क्या अर्थ है?

पत्री जी: किसी भी परिस्थिति के सभी पहलुओं के बारे में सचेत रहना ही जागरूकता है। जागरूक होना और सचेत होना दोनों शब्द पर्यायवाची हैं।

हम अपनी जागरूकता को कैसे बढ़ा सकते हैं?

पत्री जी: जागरूकता वह है जिससे हम बने हैं। अपनी हड्डियों, मांसपेशियों और संवेदी अंगों को नहीं बल्कि स्वयं को या 'मैं' को विकसित करना है। स्वयं के साथ रहने से आप स्वयं का ही विकास करते हो, जागरूकता का नहीं। हम जितना अधिक अपने साथ रहेंगे उतना ही जागरूकता का शानदार एवं व्याप्त रूप देखेंगे और उसकी चमत्कारिक शक्ति को समझेंगे।

हम अपनी दिव्यता को कैसे पहचानें और अपनी आत्मा के साथ पूरी तरह से कैसे जुड़ें?

पत्री जी: दो चीज़ें हैं, दुनियादारी और दीनदारी अर्थात भौतिकवाद और अध्यात्मवाद।

अध्यात्म सारे लोगों को जोड़ता है और भौतिकवाद अलग करता है। आपका मन अलग है और मेरा मन अलग है पर आत्मा के स्तर पर हम एक हैं। शरीर और मन के स्तर पर हम अलग हैं। शरीर और मन हमारे संस्कार और समाज की देन है पर हमारी आत्मा दिव्य है। हमारे शरीर और मन के स्रोत अलग-अलग हैं पर आत्मा का स्रोत वही दिव्य शक्ति है। रूहानियत यानि आत्मा के साथ जुड़ना, जहाँ हम सब एक हो जाते हैं। संघर्ष हमेशा रहता है पर हम उस पर विजय पा लेंगे। यह स्वाभाविक है कि बच्चा हमेशा बच्चा नहीं रहता, बड़ा होता है। आत्मा भी विकसित होती रहती है और शरीर–मन से स्वतंत्र होती है।

एक पानी के गिलास में लाखों बैक्टीरिया होते हैं जो खुली आँखों से नहीं पर माइक्रोस्कोप से ही दिखाई देते हैं। खुली आँखों से नहीं दिखने का अर्थ यह तो नहीं कि बैक्टीरिया नहीं हैं। इसी तरह आसमान में लाखों सितारे भौतिक आँख से नहीं वरन टेलीस्कोप से ही दिखाई देते हैं। भौतिक मन आपको वर्तमान ही दिखा सकता है, अतीत नहीं। बस इतना याद रखें कि आपके संग्रहित अतीत ने वर्तमान का निर्माण किया है और वर्तमान ही भविष्य को जन्म देगा।

देखिए ! मैं बेंगलूरु में बैठकर कैसे वर्तमान समय का उपयोग आपको मित्र बनाने में कर रहा हूँ जबकि आप पाकिस्तान में है। यही मेरे भविष्य का निर्माण करेगा। मैं चाहता तो आपसे बात नहीं करता, सुबह सोता रहता। मैं अपना समय आप में निवेश करके अपना स्वर्णिम भविष्य बनाना चाहता हूँ। मैं आपसे मित्रता करना चाहता हूँ पर जब तक मैं वर्तमान में आपको समय नहीं दूंगा तो भविष्य में मित्रता कैसे होगी? आप आज की यह बातें हमेशा याद रखेंगे। आप जब भी भारत आएंगे, मैं आपको अपने घर आमंत्रित करूंगा। आज का यह वार्तालाप एक सुनहरे भविष्य का सृजन करने वाला है।

ध्यान

ध्यान का सार अंदरूनी संवेदनाओं का सक्रियकरण है। तृतीय नेत्र आंतरिक शक्तियों के जागरण का प्रतीक है।

ध्यान का अर्थ अपनी शारीरिक चेतना को छोटे या बड़े रूप में छोड़ना है और साथ ही अपनी मानसिक एवं बौद्धिक चेतना को पूरी तरह छोड़ना है। ध्यान का मतलब अपनी आत्म चेतना में पूरी तरह डूबना है, यही मूल चेतना का शुद्ध स्वरूप है।

हम शांतिपूर्वक 1 या 2 घंटे गहरे ध्यान में बैठते हैं जहाँ मन पूरी तरह विचारों से खाली हो जाता है। ध्यान कितना अद्भुत है ! इस अद्भुत स्थिति को अनुभव करना है और इसका स्वाद चखना है।

मैं अपने कुछ मित्रों को ध्यान के बारे में बताता हूँ पर वो इससे जुड़ नहीं रहे हैं। पता नहीं यह मेरी तरफ से कुछ कमी है या उनकी तरफ से, क्या आप इस पर कुछ प्रकाश डाल सकते हैं?

पत्री जी: कमी उनकी तरफ से ही है, आप की तरफ से नहीं। कृष्ण कौरवों के पास गए और पांडवों के लिए पाँच गांव मांगे। क्या कौरव माने? नहीं ! क्या यह कृष्ण की विफलता थी? नहीं ! यह कौरवों की विफलता थी जो कृष्ण से सीख नहीं पाए। कृष्ण ने इस बात की चिंता नहीं की कि उनका उद्देश्य विफल हो गया, तो आप क्यों चिंता करते हो? जिस क्षण आप ध्यान के बारे में बताते हैं आप सफल हो गए हैं।

ध्यान से व्यक्तिगत उन्नति कैसे सम्बंधित है?

पत्री जी: ध्यान का मतलब व्यक्तिगत उन्नति है। ध्यान नहीं तो उन्नति भी नहीं। जितना ध्यान करेंगे उतनी व्यक्तिगत उन्नति होगी, 50% ध्यान तो 50% व्यक्तिगत उन्नति और 100% तो 100% उन्नति। ध्यान प्रत्यक्ष रूप से व्यक्तिगत उन्नति के अनुपात से सम्बंधित है।

अगर मुझे कोई समस्या ही नहीं तो मैं ध्यान क्यों करूं?

पत्री जी: मैं आपको ध्यान के लिए जोर नहीं देता पर जब जिंदगी में समस्याएं आएं तो मेरे पास आना। मैंने बहुत बार देखा है जो लोग ऐसा कहते हैं वो फिर जल्दी ही मेरे पास आते हैं और कहते हैं, स्वामी जी ! मेरे जीवन में कुछ हो गया है मुझे क्या करना चाहिए। अगर आप मुसीबत का इंतजार कर रहे हैं तो वह आएगी पर उसका आना सिर्फ आपको ध्यान में लाने के लिए होगा। आपको नासमझी से समझदार बनाने के लिए होगा।

आप ध्यान को क्यों पसंद करते हैं?

पत्री जी: आप जिन चीज़ों को पसंद करते हैं उन्हें क्यों पसंद करते हैं? आपको संगीत पसंद हो सकता है, मुझे ध्यान और क्रिकेट खेलना पसंद है। पसंद अंदर से आती है और आप उस तरफ आकर्षित होते हो। सभी को कुछ न कुछ पसंद होता है और वह वही करना चाहते हैं। ध्यान भी इन में से एक है। ध्यान मानवता की महानतम गतिविधियों में एक है। जीसस और बुद्ध ने ध्यान किया फिर आप क्यों नहीं कर सकते?

आप क्यों ध्यान सिखाना चाहते हैं?

पत्री जी: जब 40 वर्ष पूर्व मैं ध्यान में आया तब मेरे मन से लालच खत्म हो गया। ऐसा नहीं कि पहले मुझमें बहुत लालच था। मैं सिर्फ अपनी जरूरतों को पूरा करना चाहता था पर मैं पूरी सामाजिक स्थिति और उसमें अपनी भूमिका को देखता था। फिर मैंने ध्यान सिखाना शुरू किया। ध्यान से कितने लोग जागरूक हो गए हैं जिसके फलस्वरूप उनका लालच खत्म हो गया, वो आत्मज्ञानी हो गए। अब समाज में फैली अराजकता में उनका कोई हाथ नहीं हैं।

हमें गैर-लोभी लोगों के कुछ उदाहरण दीजिए।

पत्री जी: रमन महर्षि लोभी नहीं थे; जीसस लोभी नहीं थे; बुद्ध ने अपना महल छोड़ दिया, वह लालची नहीं थे। यह सभी लोग गैर लोभी थे क्योंकि उन्होंने दुख और लालच को हर जगह देखा और समझा।

ध्यान करने के कई तरीके हैं, उनमें सबसे अच्छा कौन सा है?

पत्री जी: प्रश्न बहुत जटिल है पर उत्तर सरल है। समस्याएं जटिल हैं पर समाधान सरल है। चाहे वो फिर एक परिवार, कॉर्पोरेट या कोई भी हो। कोई समस्या या प्रश्न हो जवाब एक ही है। ध्यान के कोई सैकड़ों या हजारों तरीके नहीं है, एक ही तरीका है-आनापानसति ध्यान। ध्यान-पहली बात है, ध्यान ही उत्तर है। दूसरी बात आनापानसति ध्यान जिस में हमें अपनी साँसों पर ध्यान देना है।

क्या मैं प्रकाश की कल्पना करते हुए ध्यान कर सकता हूँ? ऐसा करने से क्या मुझे ब्रह्मांडीय ऊर्जा और आध्यात्मिक ज्ञान जल्दी प्राप्त हो सकता है?

पत्री जी: कल्पना करते हुए प्रकाश पर ध्यान केंद्रित करने का कोई अर्थ नहीं है। अपना ध्यान अपनी प्राकृतिक साँसों पर लगाएं बाकी सब कुछ अपने आप होता जाएगा।

मैं अपने चंचल मन से कैसे छुटकारा पा सकता हूँ?

पत्री जी: आप अपने मन को एक ग्राइंडर में डालकर स्विच चालू कर दीजिए, मन अपने आप छूट जाएगा। इस प्रक्रिया को ध्यान कहते हैं। मन नायक भी है और खलनायक भी। 90% समय वो खलनायक है और 10% समय नायक है। ध्यान में खलनायक प्रवृतियां समाप्त हो जाएंगी और नायक सामने आ जाएगा।

क्या ध्यान की संकल्पना 5000 वर्ष पूर्व हुई थी?

पत्री जी: ध्यान पृथ्वी बनने के पहले से अस्तित्व में है। ध्यान पूरी सृष्टि का मूल आधार और प्रथम वस्तु है। यह मूल स्रोत है। ध्यान समय सीमा से परे सभी क्षेत्रों और आयामों में फैला है।

क्या ध्यान करने से लोभ की भावना दूर हो सकती है?

पत्री जी: ध्यान में आने के पहले चेतन या अचेतन रूप से हर कोई लोभी होता है पर ध्यान के बाद लोभ समाप्त हो जाता है। तब आप वही करते हैं जो जरूरी है जैसे वार्तालाप, खाना, सोना, धनोपार्जन आदि में आपका लोभ कम हो जाता है।

योग करने के बाद क्या मुझे ध्यान करना चाहिए?

पत्री जी: योग को व्यापक रूप से हम राजयोग या हठयोग समझते हैं। राजयोग ध्यान का ही रूप है जो मन, चेतना और आत्मा पर काम करता है। हठयोग भौतिक शरीर और कुछ हद तक मन से संबंधित है। लोग ज्यादातर योग का मतलब हठयोग समझते हैं। मेरे विचार में अगर आप नियमित ध्यान करते हैं तो हठयोग की जरूरत नहीं है। आप अपनी भौतिकता और हठयोग को भूल सकते हैं।

युवाओं के लिए ध्यान का क्या महत्व है? ध्यान किस वर्ग के लोगों के लिए महत्वपूर्ण है?

पत्री जी: ध्यान बच्चे, युवा, बुजुर्ग, सभी वर्ग के लोगों के लिए महत्वपूर्ण है।

ध्यान शुरू करने की सही आयु क्या है?

पत्री जी: बचपन से ही हर व्यक्ति को ध्यान करना चाहिए। प्रहलाद ने बचपन से ही ध्यान शुरू कर दिया था। भगवान कृष्ण, राम, हनुमान सभी ने बहुत छोटी आयु से ही ध्यान प्रारंभ कर दिया था।

हमें किस समय ध्यान करना चाहिए?

पत्री जी: यह हर व्यक्ति का अपना चुनाव है।

मैं काफी समय से समाज सेवा कर रहा हूँ फिर भी मैं दुखी हूँ, इसका क्या कारण है?

पत्री जी: सेवा के साथ आपको नियमित ध्यान करना चाहिए। बिना ध्यान के समाज सेवा का कोई फायदा नहीं है। ध्यान समाज सेवा के बिना भी लाभप्रद है पर समाज सेवा बिना ध्यान के निरर्थक है। अधिकतर समाज सेवक इसी वजह से दुखी रहते हैं। प्रत्येक समाजसेवी को ध्यान भी अवश्य करना चाहिए तब वह हमेशा खुश रहेंगे।

आप हमेशा आनापानसति ध्यान करने के लिए ही कहते हैं, ऐसा क्यों?

पत्री जी: क्योंकि यही सच है। पूरी सृष्टि के लिए आनापानसति ध्यान ही ध्यान का सही तरीका है। लोग अनेक पद्धतियों को अपनाते हैं पर आखिर में उन्हें आनापानसति ध्यान में ही आना पड़ता है। हम सभी सृजनकर्ता हैं। आनापानसति ध्यान के साथ आप एक कुशल, समझदार और महान सृजनकर्ता बन जाते हैं अन्यथा आप एक नादान सृजनकर्ता हैं और यह आपका चुनाव है। PSSM आनापानसति ध्यान करने का ही संदेश देता है।

ध्यान में साँसों का अवलोकन करना क्यों जरूरी है?

पत्री जी: आपकी साँस आपका गुरु है। गुरु के सानिध्य में आप समझदार होते हो अन्यथा मूर्ख या नादान ही रहते हो। गुरु हमेशा आपकी प्रतीक्षा करता है।

ध्यान के मार्ग पर हम ज्यादा कार्यकुशल हो जाते हैं तो यह कार्यकुशलता कहां प्रकट होती है? क्या यह कई कार्य एक साथ

करने या फिर एक कार्य को पूरी तन्मयता और एकाग्रता से करके फिर अगले कार्य की ओर बढ़ना है?

पत्री जी: हम हमेशा एक समय पर एक ही कार्य पर केंद्रित होते हैं। एक मिनट में एक कार्य पर ध्यान और दूसरे मिनट में दूसरे कार्य पर ध्यान ऐसा नहीं होता। यह कार्य कुशलता कई कार्य एक साथ करना नहीं वरना एक ही कार्य पर केंद्रित होना है।

एक दिन में हम सैकड़ों विषय पढ़ सकते हैं, यह कई कार्य एक साथ करने जैसा नहीं है। किसी भी वक्त में हम एक ही कार्य करते हैं। जैसे आप बात कर रहे हैं तो आपका ध्यान अपने शब्दों के चुनाव पर होगा और अगर मैं बात कर रहा हूँ तो आपका ध्यान मेरी बातों पर होगा, यह एक वक्त में एक कार्य ही करने जैसा है। जीवन में हम लाखों कार्यों पर ध्यान केंद्रित करते हैं पर किसी एक क्षण में हम एक ही कार्य कर एकाग्र होते हैं। यदि आप सब्जी काट रहे हैं और आप का ध्यान एकाग्र नहीं है तो आप अपनी ऊँगली काट लेंगे। एक समय में हम एक ही कार्य पर केंद्रित होते हैं। अगर आपके पूरे जीवन का विश्लेषण किया जाए तो आप अनेक कार्य करते हैं पर यह एक अलग पटकथा है।

जब हम ध्यानी बनते हैं तो बुराई में भी अच्छाई देखकर प्रशंसा करते हैं। क्या यह इसलिए है कि ध्यान हमें कुछ बड़ा करने के लिए प्रेरित करता है?

पत्री जी: भूख के दृष्टिकोण से भोजन अच्छी चीज़ है और भोजन के दृष्टिकोण से भूख अच्छी है। यदि भूख नहीं है तो भोजन का भी अर्थ नहीं है। भोजन लेने के लिए भूख एक पूर्वावश्यकता है। यदि आप अच्छा खाना नहीं खाना चाहते हो तो भूख की कोई आवश्यकता नहीं है। भूख को सहना नहीं, भोजन करना है।

निर्देशित ध्यान अच्छा है या गैर-निर्देशित ध्यान करना चाहिए? हमें किस पर ज्यादा ध्यान केंद्रित करना चाहिए?

पत्री जी: दिन महत्वपूर्ण है या रात? दोनों महत्वपूर्ण हैं। इसी तरह निर्देशित और गैर-निर्देशित ध्यान दोनों का अपना महत्व है, दोनों का अपना योगदान है। यदि आप अद्वैत चाहते हैं तो द्वैत का होना जरूरी है, एक के बिना दूसरे का अस्तित्व अधूरा है। कोई भी बिना बच्चा बने सीधे व्यस्क नहीं हो जाता। आपका जन्म शिशु रूप में ही होगा तो आप एक बच्चे की इसलिए शिकायत नहीं कर सकते कि वह चल नहीं सकता, नृत्य नहीं कर सकता या गा नहीं सकता। बच्चा अपने आप में सुंदर है उसे उसी रूप में स्वीकार करें। शिशु बच्चा फिर किशोर और व्यस्क बनता है उसके हर रूप का आनंद लें। ये सारी अवस्थाएं आत्मा की होती है और हमें उनका भी आनंद उठाना आना चाहिए। एक बीज भी पौधा बनकर फिर एक विशाल वृक्ष बन जाता है। ये सारी अवस्थाएं सुंदर हैं। आप एक बीज के भीतर एक विशाल बरगद के पेड़ को नहीं देख सकते पर यही सच है। हर किसी में भगवान होने की संभावना होती है। हर अंशात्मा पूर्णात्मा होगी। जैसे आप बीज में पेड़ नहीं देख सकते उसी तरह अंशात्मा में पूर्णात्मा को नहीं देख सकते पर दोनों को उस पूर्ण अवस्था में पहुंचना है।

ध्यान साधना के साथ और क्या किया जा सकता है, कृपया बताएं?

पत्री जी: सिर्फ ध्यान साधना ही पर्याप्त नहीं है, साथ ही साथ आपको बहुत सारी आध्यात्मिक पुस्तकें भी पढ़नी चाहिए। आपको सभी ध्यानियों के अनुभव भी सुनने हैं और दूसरे मास्टर्स से वार्तालाप भी करना चाहिए।

बुद्ध के समय में बहुत लोग अपने परिवार को छोड़कर ध्यान में आ गए थे पर यहां तो विपरीत स्थिति दिखाई देती है। लोग परिवार में रहकर ही ध्यान कर रहे हैं, कौन सा तरीका सही है?

पत्री जी: उस समय ध्यान संन्यासियों के लिए था और इस समय ध्यान संसारियों के लिए है। संसार में रहकर ही निर्वाण पाया जा सकता है।

ध्यान में हम कैसे उन्नति करते हैं?

पत्री जी: पहले तो हमें यह समझना होगा कि जल्दबाजी या चिंता करने की कोई आवश्यकता नहीं है। हमें यह सुनिश्चित करना चाहिए कि हम अपने समय का सार्थक सदुपयोग करते हैं, उसे व्यर्थ नहीं करते तभी हमारी उन्नति संभव है।

क्या आत्मज्ञान पाने के लिए हमें ज्यादा ध्यान करना चाहिए?

पत्री जी: आपको बहुत ज्यादा ध्यान करने की जरूरत नहीं है। दूसरों के ध्यान अनुभव सुनकर आप में परिवर्तन होता है और आप आत्मज्ञानी हो जाते हो। यह ज्ञान पर्याप्त है।

आप सामूहिक ध्यान सत्र पर इतना महत्व क्यों देते हैं?

पत्री जी: हम सामूहिक ध्यान पर इसलिए जोर देते हैं क्योंकि उससे सामूहिक ऊर्जा में अत्याधिक वृद्धि होती है।

नींद और ध्यान में क्या अंतर है?

पत्री जी: नींद से आपको सिर्फ ऊर्जा मिलती है पर ध्यान से आपको सहजबोध और ऊर्जा दोनों मिलते हैं। हर रात्रि नींद में अंशात्मा पूर्णात्मा के साथ रहती है और इस तरह हमें ऊर्जा मिलती है।

ध्यान कैसे किसी के जीवन को चमत्कारिक ढंग से रूपांतरित करता है?

पत्री जी: अगर आप अपने जीवन में बदलाव लाना चाहते हैं तो ध्यान करें। आप जितना ज्यादा ध्यान करेंगे उतना बदलाव आएगा। एक केटरपिलर तितली बनकर रंगों से भरपूर और पंखों के साथ उड़ने को

तत्पर हो जाता है। आदमी की जिंदगी भी ध्यान से पहले केटरपिलर जैसी होती है और ध्यान के बाद तितली जैसी हो जाती है। यह सबसे जीवंत उदाहरण है। शरीर तो वही रहता है, शरीर नहीं बदलता पर मन मस्तिष्क बदल जाता है। आप प्रबुद्ध बन जाते हैं, मास्टर बन जाते हैं। केटरपिलर को यह पता नहीं होता कि उसे तितली बनना है। पंख लगाकर उड़ने का तो उसे स्वप्न में भी अनुमान नहीं होता। उसे तो लगता है कि उसे खाते और रेंगते रहना है पर वह रंगों से भरपूर तितली बनता है जिसे सब देखना चाहते हैं। हर इंसान को भी इसी तरह ध्यान करते हुए रंगों से परिपूर्ण तितली बनना है।

जब मैं ध्यान करता हूँ तो मेरा ध्यान इतना गहरा हो जाता है कि मैं बीमार पड़ जाता हूँ और फिर ध्यान जारी नहीं रख पाता। मुझे क्या करना चाहिए? ध्यान करने के पश्चात बीमारी या असहजता को ध्यान का प्रभाव समझने की भूल हो तो हमें क्या करना चाहिए?

पत्री जी: ध्यान और बीमारी दोनों के बीच कोई संबंध नहीं है। मान लो कहीं जाते समय बिल्ली मेरा रास्ता काट जाए और उसके बाद मेरी दुर्घटना हो जाए तो कोई यह कह सकता है कि यह दुर्घटना बिल्ली के रास्ता काटने के कारण हुई है लेकिन इन दोनों का आपस में कोई संबंध नहीं है। यह दोनों अलग-अलग स्वतंत्र वास्तविकताएं हैं। इनके बीच संबंध मत जोड़िए। जीवन की विभिन्न स्थितियों का विश्लेषण या मूल्यांकन न करें और ना ही इनमें कोई संबंध ढूंढे। इसी तरह ध्यान के अनुभव और सपनों का विश्लेषण भी ना करें। हमारे पास कभी भी इतना आंकड़ा नहीं होता कि हम किसी चीज़ का वैज्ञानिक विश्लेषण कर सकें। इसलिए शारीरिक अवस्था और ध्यान प्रक्रिया का संबंध न जोड़ें, यह पूर्णत: अवैज्ञानिक और विसंगत है।

मेरे अंदर दुःस्वप्न, थकान, दुख और क्रोध के कारण बहुत हलचल होती थी। फिर मुझे एक मास्टर से ध्यान की प्रक्रिया का

सूत्र मिला। मैंने ध्यान करना शुरू कर दिया पर मुझे अपने अंदर कोई बदलाव नहीं लगता हालांकि मैं इसे जारी रखने के लिए कटिबद्ध हूँ।

पत्री जी: आपको अपने जीवन में बदलाव के लिए ध्यान करना ही होगा। ध्यान से आप मिस्टर से मास्टर बनते हैं जैसे कि मैं बना हूँ। ध्यान केटरपिलर से तितली बनने की यात्रा है। सभी को तितली बनने के लिए उद्यम करना चाहिए।

ज्यादा शक्तिवान ध्यान

हम सभी जीसस और मुहम्मद जैसे बन सकते हैं। हममें से कोई भी जोरास्टर, बुद्ध, सुकरात या रमण महर्षि हो सकता है। कितना सरल है ! हमें इसके लिए केवल ध्यान करना है।

जैसे ही हम ध्यान के मास्टर बनते हैं, जीवन एक सतत आनंद और उत्सव बन जाता है। सभी किस्म की अस्वस्थता दूर हो जाती है। हम आसपास के लोगों के स्वाभाविक दोस्त और मार्गदर्शक बन जाते हैं।

हम आनापानसति ध्यान का अभ्यास करते हैं। क्या आप कायानुपस्सना, विपस्सना, चित्तानुपस्सना आदि समझा सकते हैं? बुद्ध ने इन सबके बारे में क्या बताया है?

पत्री जी: 'काया' भौतिक शरीर है। 'अनु' का मतलब थोड़ा या न्यूनतम और 'पसना' का अर्थ देखना या ध्यान देना है। जब आप ध्यान कर रहे होते हैं तो शरीर में कई बदलाव होते हैं उनके बारे में ज्यादा सोचने की जरूरत नहीं। शरीर के बारे में कम से कम सोचें। यह कायानुपस्सना है। 'चित्त' मन है, इसी तरह मन की ओर भी न्यूनतम ध्यान दें, ज्यादा नहीं। ध्यान करते समय मन कुछ विचलित भी हो जाता है पर इस विषय में ज्यादा सोचने की आवश्यकता नहीं है। ध्यान के प्रारंभ में हलाहल या विष निकलता है, अमृत तो सबसे अंत में निकलता है। हलाहल निकलने पर ज्यादा न सोचें, यह चित्तानुपस्सना है।

चित्त आपके ध्यान के बावजूद रहेगा, उसके लिए ज्यादा परेशान होने की जरूरत नहीं है। शारीरिक बदलाव और गति होगी, ऊर्जा

की गतिविधियां और तरंगें रहेंगी ही। इन सबके बारे में ज्यादा सोचने की आवश्यकता नहीं है। इन पर न्यूनतम ध्यान देना ही चित्तानुपस्सना है।

'वी' मतलब विशेष या अधिकतम, 'पस्सना' तीसरे नेत्र से देखना है। तीसरे नेत्र की गतिविधियों पर पूरा ध्यान देना होता है, यह विपस्सना है। लोग शब्दों को नहीं समझते तो उनके भावार्थ को कैसे समझेंगे? विपस्सना पूरी तरह तीसरे नेत्र की प्रक्रिया है।

लोग सैद्धांतिक दृष्टिकोण नहीं समझते और न ही उसका सही व्यवहारिक प्रयोग करते हैं इसलिए वह ध्यान का ठीक अभ्यास नहीं कर पाते। अध्यात्म में पहले तकनीकी शब्दों को समझना जरूरी है।

हमें अपने शरीर और मन से पार तृतीय नेत्र में जाना है। यदि आप शरीर के बारे में नहीं सोच रहे तो आप मन में जाते हैं, यदि आप मन के बारे में सोच रहे हैं तो आप तृतीय नेत्र में नहीं जा सकते।

शरीर पहली आँख है, मन दूसरी आँख और तीसरी आँख तीसरा नेत्र है। शरीर में चर्मचक्षु हैं, मन में मनोचक्षु और तीसरे नेत्र में दिव्य चक्षु है। शरीर की पहली आँख और मन की दूसरी आँख के साथ आत्मा की तीसरी आँख है जिसे आज्ञा चक्र, सुदर्शन चक्र या गुरु चक्र भी कहते हैं।

आपको शरीर से ऊपर उठना है जो शरीर पर न्यूनतम ध्यान देकर ही हो सकता है। इसी तरह मन पर न्यूनतम ध्यान देकर आप मन से ऊपर उठ सकते हैं। मन से ऊपर उठकर आप तीसरे नेत्र पर आ जाते हैं, यही विपस्सना है। तीसरे नेत्र पर पूरा ध्यान देकर आप पिछले जन्मों, आध्यात्मिक संभावनाओं और दूसरे आयामों में पहुंच सकते हैं।

सभी मनुष्य भगवान हैं पर वह अपने खूबसूरत तीसरे नेत्र का इस्तेमाल नहीं करते। सबके दो पैर हैं पर सब एवरेस्ट नहीं चढ़ते। एवरेस्ट तो छोड़िए सब अपने घर की सीढ़ियां भी नहीं चढ़ सकते। सभी अपने पैरों से एवरेस्ट चढ़ सकते हैं, तीसरे नेत्र को अनुभव कर सकते हैं, बस इरादा होना चाहिए। शरीर और मन पर ज्यादा ध्यान देकर आप तीसरे नेत्र को अनुभव नहीं कर सकते।

तीसरे नेत्र के बारे में विस्तार से बताएं।

पत्री जीः जब आप अपनी साँसों का अवलोकन करते हैं तो आप प्राकृतिक रूप से तीसरे नेत्र में चले जाते है। आपको कुछ दिखाई देने लगता है। पहले आपको रंग दिखाई देते हैं फिर कुछ और दृश्य, प्रकाश, छाया, पूर्व जन्म वगैरह। आप अपने भौतिक शरीर को छोड़कर ब्रह्मांड में यात्रा करते हैं। इसी को विपस्सना कहते हैं। शिव के तीसरे नेत्र को याद कीजिए, आप सब समझ जाएंगे

मैं तीसरे नेत्र में दृश्य देख रहा हूँ पर तीसरे नेत्र पर ध्यान केंद्रित नहीं होता?

पत्री जीः तीसरा नेत्र जब जागृत होता है तब उस पर आपका पूरा ध्यान होना चाहिए। जैसे एक व्यस्त शहर में गाड़ी चलाते समय आपका पूरा ध्यान चलाने पर होना चाहिए, इसी तरह तीसरे नेत्र के खुलने पर उस पर आपका पूरा ध्यान होना चाहिए। उस दृश्य के हर पहलू पर आपका ध्यान होना चाहिए, यही विपस्सना है। तीसरे नेत्र पर आपका केंद्रीकृत ध्यान और शरीर, मन पर परिधीय ध्यान होना चाहिए। केंद्रीकृत ध्यान और परिधीय ध्यान दो अलग चीजें हैं। जब मैं आपकी तरफ देख रहा हूँ तो साथ ही आपके कमरे को भी देख रहा हूँ। आपकी आँखें मेरा केंद्रीकृत ध्यान है और कमरा परिधीय ध्यान है। कायानुपस्सना, चित्तानुपस्सना परिधीय ध्यान हैं और विपस्सना केंद्रीकृत ध्यान, मुख्य ध्यान है।

बहुत से मास्टर्स निराश हो जाते हैं कि उन्हें तीसरे नेत्र का अनुभव नहीं हुआ। इसके बारे में कुछ बताएं?

पत्री जी: कुछ पुरुष अगर ये कहें कि वो महिलाओं की तरह शिशु को जन्म नहीं दे सकते तो ये सही है या गलत? जन्म देना महिलाओं का काम है, पुरुषों का नहीं। आधी जनसंख्या महिलाओं की है और आधी पुरुषों की। इसी तरह आधी जनसंख्या तीसरे नेत्र मास्टर्स की है और आधी गैर-तीसरे नेत्र मास्टर्स की। दोनों मास्टर्स हैं। गैर तीसरे नेत्र मास्टर अपनी तार्किक शक्ति पर काम करते हैं और तीसरे नेत्र मास्टर्स अपनी जादुई शक्ति पर काम करते हैं। पूर्णता के लिए पुरुष और महिला दोनों की जरूरत है। आप पुरुष और महिला दोनों एक साथ नहीं हो सकते।

दो तरह के लोग हैं। कुछ लोग पीछे चलने वाले (stalkers) होते हैं और कुछ स्वप्न देखने वाले (dreamers) हैं। तीसरे नेत्र मास्टर्स स्वप्नदृष्टा होते हैं और गैर तीसरे नेत्र मास्टर्स तार्किक होते हैं। इसलिए पीछे चलने वाले पूछते रहते हैं और स्वप्नदृष्टा उत्तर देते रहते हैं। प्रश्न पूछने वाले और उत्तर देने वाले दोनों ही महत्वपूर्ण हैं

मैं समझता हूँ कि सब कुछ ईश्वर है पर मेरे संस्कार इस बात के आड़े आते हैं। इसके लिए क्या किया जाए?

पत्री जी: अपना ध्यान बढ़ाएं, तीसरे नेत्र को सक्रिय करें, तब यह संभव होगा। आप अपने तीसरे नेत्र को सक्रिय क्यों नहीं करते हैं? दिन में 12 घंटे ध्यान कीजिए, ज्यादा बातें करना बंद करें, मौन रहें, व्यर्थ की बातें न करें, अपनी साँसों के साथ जुड़ें। 12 घंटे ध्यान करके ही आप ईश्वरप्राणिधाना में प्रवेश करेंगे।

और क्या-क्या अतिरिक्त चीज़ें ध्यान में सहायक होंगी?

पत्री जी: मैंने लोगों को जंगलों में ले जाकर ध्यान कराना शुरू किया था। प्रकृति के साथ ध्यान ज्यादा शक्तिवान और मूल्यवान है। भौतिक और ब्रह्मांडीय तरीके से सामूहिक ध्यान, संगीत के साथ ध्यान, पिरामिड के अंदर और पूर्णिमा ध्यान ये सारी चीज़ें ध्यान को ज्यादा प्रखर और ऊर्जावान बनाती हैं

ध्यान के अनुभव

ध्यान करते हुए हमें कई तरह के अनुभव होते हैं जैसे सूक्ष्म शरीर यात्रा, ऊर्जा की गतिशीलता, पूर्व जन्मों के अनुभव, परोक्ष श्रवण इत्यादि। जो भी अनुभव हों उन्हें अपने सह-ध्यानियों के साथ अवश्य साझा करें।

ध्यान के बाद हम आलस्य और कमजोरी क्यों महसूस करते हैं?

पत्री जी: आपको अपने पूर्व जन्म के कर्म, मानसिक अवस्थाओं और मांसाहार भक्षण का परिणाम भुगतना ही पड़ता है। आपका ध्यान ना करना इस परिणाम में और देरी कर देता है। जब आप ध्यान करने लगते हैं तो यह परिणाम कम होने लगते हैं। सभी को अपने द्वारा की गई हिंसा और बर्बरता का भुगतान करना ही पड़ता है, आपको इसीलिए दर्द सहना पड़ेगा।

कभी-कभी मुझे ध्यान में झटके लगते हैं, ऐसा क्यों?

पत्री जी: ध्यान में ऊर्जा आने से शरीर में कई तरह के बदलाव होते हैं। भौतिक शरीर इस ऊर्जा परिवर्तन पर विभिन्न तरीकों से प्रतिक्रिया देता है। झटके लगना, गर्मी लगना, ठंडा-गर्म महसूस होना, यह सभी ध्यान अनुभव के हिस्से हैं। ऊर्जा शरीर में व्याप्त सभी ऊर्जा गतिरोधों को दूर करती है, इसे 'नाड़ी मंडल शुद्धिकरण' कहते हैं।

कई बार ध्यान करते हुए मुझे बड़े डरावने अनुभव होते हैं। क्या मैं ध्यान का सही तरीका अपना रहा हूँ?

पत्री जी: हाँ ! ध्यान में कई बार डरावने अनुभव हो सकते हैं पर यह स्वागत योग्य हैं। जैसे माँ अपने बच्चे के लिए पौष्टिक आहार बनाती है, ऐसे ही ध्यान में हर अनुभव आपकी पूर्णात्मा ने आपके लिए रचा है। हमारी पूर्णात्मा जानती है कि हमारी आत्मा को किस तरह के अनुभव देने हैं। मैं यह तो नहीं जानता कि आपको कैसे अनुभव होंगे पर इतना जरूर जनता हूँ कि ध्यान में जो भी होता है वह पूर्णतया सुरक्षित होता है। जितने आत्म-विश्वास और निर्भयता से आप इन अनुभवों के साथ बैठेंगे उतनी जल्दी उनसे उबरकर आगे के अनुभव का आनंद ले सकेंगे।

मैं कुछ समय से ध्यान कर रहा हूँ पर अभी भी कुछ नया या अनजाना होने पर चिंता होती है। मैं इससे कैसे छुटकारा पा सकता हूँ?

पत्री जी: आपको ज्यादा ध्यान, स्वाध्याय और सज्जन सांगत्य करना है तभी आप अध्यात्म में परिपक्व बनते हो नहीं तो आप अपरिपक्व ही रहते हैं। आपके पास 24 घंटे हैं। इन 24 घंटों को इन तीन चीज़ों से भर दें। अध्यात्म में प्रवेश के समय आप अपरिपक्व होते हो पर अभ्यास करते-करते आप अध्यात्म में ज्यादा परिपक्व हो जाते हो। ध्यान की शुरुआत में जूनियर अपरिपक्व होते हैं, ध्यान करते-करते जूनियर भी सीनियर बन जाता है और परिपक्व हो जाता है।

पिछले पांच वर्षों से मैं ध्यान कर रहा हूँ पर मुझे लगता है इस दौरान मेरा क्रोध बढ़ गया है। क्या आप इसे स्पष्ट कर सकते हैं?

पत्री जी: यही नियम है। ध्यान से पहले आप चीज़ों में अंतर नहीं कर सकते। ध्यान में ही आपको अनुभव होता है कि क्या अच्छा है और क्या बुरा है। ध्यान से आप सत्य और मिथ्या के बीच फर्क समझने

लगते हो तो आपका क्रोध मिथ्या पर बढ़ने लगता है। दुर्वासा मुनि हमेशा बहुत क्रोधित रहते थे। गैर ध्यानी लोग अच्छाई और बुराई का अंतर नहीं समझते और क्रोधित नहीं होते। ध्यान में आने से पहले मुझे किसी को मांसाहार करते देख क्रोध नहीं आता था पर ध्यान में आने के बाद मुझे किसी को मांसाहार करता देख अत्यंत क्रोध आता है तो ध्यान करने वालों को क्रोध आना स्वाभाविक है।

ध्यान और सपनों के बीच क्या संबंध है? हमें हर स्वप्न का विश्लेषण करना चाहिए या उसे जाने देना चाहिए?

पत्री जी: कभी भी किसी सपने का विश्लेषण ना करें। कभी ध्यान या जीवन के अनुभव का विश्लेषण ना करें। हम यहां कुछ भी विश्लेषण करने नहीं वरन साक्षी भाव से देखने आए हैं। वह प्रसिद्ध मुहावरा याद करें "जहां देवदूत जाने से डरते हैं, वहां मूर्ख दौड़कर जाते हैं।" हमें सारा ज्ञान और बुद्धि देखने से ही मिलती है, विश्लेषण करने से नहीं। हमारे दिमाग का आंकड़ा इतना कम है कि हम सही ढंग से विश्लेषण कर ही नहीं सकते। इसलिए हमें कभी किसी स्वप्न या जीवन में किसी भी चीज़ का अच्छा या बुरा विश्लेषण करने का प्रयत्न नहीं करना चाहिए।

क्या हमें अपने ध्यान के अनुभवों का विश्लेषण करना चाहिए?

पत्री जी: जब आपकी विश्लेषण करने की क्षमता नहीं है तो कैसे करेंगे? आप किसी के ध्यान, जीवन या स्वप्नों का विश्लेषण नहीं कर सकते और कभी करें भी ना। हम यहां विश्लेषण करने नहीं सिर्फ ध्यान करने और अच्छे-बुरे अनुभव लेने आए हैं। बुरे अनुभवों से भी हमें गुजरना है इसलिए सभी अनुभवों को साक्षी भाव से देखें।

ध्यान में हम विचार शून्य अवस्था में पहुंचने का लक्ष्य रखते हैं पर हम दृश्य देखते हैं, सूक्ष्म शरीर से यात्रा करते हैं जो मन-मस्तिष्क को सोचने का काम देते हैं?

पत्री जी: आपको यह समझना है कि मन दो प्रकार के होते हैं। ध्यान में सांसारिक मन को शांत रखना होता है और आध्यात्मिक दिव्य मन कार्य करता है। आध्यात्मिक मन सभी आयामों के परे देख सकता है। मन ही आत्मा है पर किस तरह का मन? हमें सांसारिक मन को नहीं वरन आध्यात्मिक मन को कार्य करने की अनुमति देनी है और यही ध्यान है।

शरीर के बाहर
(out of body) अनुभव

क्या आपको सूक्ष्म शरीर यात्रा का कोई अनुभव है?

पत्री जी: 1956 में मैं हकलाता था। मेरी आवाज और गति स्पष्ट नहीं थी। मैं उस वक्त प्रयागराज में था। उस वक्त मेरे अंकल जो सर्जन थे उन्होंने ने मुझे जीभ और मुहँ की सर्जरी कराने के लिए कहा। उन्होंने मुझे कुछ बेहोशी की दवा दी। मैंने ऑपरेशन थिएटर में अपने आप को शरीर से ऊपर तैरते हुए अलग देखा। मैंने डॉक्टर और नर्स को अपना आपरेशन करते हुए देखा। मैं उनकी बातें भी सुन सकता था। यह मेरा पहला सूक्ष्म शरीर का अनुभव था। इस अनुभव ने मुझे सिखाया कि आप शरीर के बाहर भी ऐसे भी रह सकते हैं।

सूक्ष्म शरीर क्या है? पिछले तीन वर्षों से ध्यान में मैं अपने आप को एक दर्पण में देख रहा हूँ। इसका क्या अर्थ है?

पत्री जी: अगर आप सूक्ष्म शरीर के बारे में सब जानना चाहते हैं तो थियोसोफिकल सोसायटी की किताबें पढ़िए। उनकी वेबसाइट देखें या उनके स्थानीय दफ्तर जाएं या चेन्नई स्थित मुख्य कार्यालय जाएं। यदि आप वाकई इसका उत्तर चाहते हैं तो आप यह सब चीज़ें करेंगे।

वाक इन अनुभव

क्या आप वाक इन (walk in) के बारे में बता सकते हैं?

पत्री जीः यह एक अद्भुत प्रक्रिया है। वाक इन में एक आत्मा शरीर को छोड़ देती है और दूसरी उच्च आत्मा उस शरीर में प्रवेश करती है। रूथ मोंटगोमरी की 'स्ट्रेंजरस अमंग अस' इस विषय पर एक अच्छी पुस्तक है। उस में वाक इन के बारे में काफी अच्छी जानकारी है।

वाक इन किसे कहा जाता है?

पत्री जीः आजकल इस तब्दीली के समय में बहुत सारे अशरीरी महान मास्टर्स अलग-अलग भौतिक शरीर में अनुमति और सहमति के साथ कार्य कर रहे हैं। इन्हें वाक इन कहते हैं।

क्या आपका भी वाक इन हुआ है? क्या वाक इन के बाद आपने अपने में कुछ परिवर्तन अनुभव किया है?

पत्री जीः हाँ ! वाक इन के बाद सब कुछ बदल गया। वाकई इस प्रक्रिया के बाद भौतिक जगत के संबंधों से कोई मतलब नहीं रहता। सिर्फ अपने नजदीकी परिवार से मतलब रहता है, जैसे पति-पत्नी, बच्चे और माता-पिता। बाकी किसी से मतलब नहीं रहता, भाई बहन से भी नहीं। वाक इन से पहले सभी मेरे परिवार का हिस्सा थे लेकिन वाक इन के बाद मैंने पाया कि मैं अपने भाई, बहन, बहनोई वगैरह से जुड़ाव महसूस नहीं कर रहा हूँ और सिर्फ अपने ही परिवार से संबंधित हूँ।

आत्मा का वाक इन समझौता हमें कैसे प्रभावित करता है?

पत्री जी: वाक इन के बाद आप यह परिवर्तन अनुभव करेंगे कि आपका केवल नजदीकी परिवार के साथ जुड़ाव है, अन्य रिश्तों के साथ नहीं। अन्य रिश्तों के प्रति विशेष स्नेह की भावना खत्म हो जाएगी और सब के प्रति तटस्थता का भाव हो जाएगा, क्योंकि आत्मा बदल गई है इसलिए भावनाएं खत्म हो जाती हैं। वाक इन में आने वाली आत्मा, जाने वाली आत्मा (walk out) के नजदीकी परिवार से जुड़ाव और प्रतिबद्धता का समझौता करती है।

ध्यान का प्रशिक्षण

ध्यान करना और ध्यान सिखाना साथ-साथ ही चलने वाली विद्या है। जैसे हम सीखते हैं वैसे ही हमें सिखाना भी है और सिखाते हुए भी हम सीखते हैं।

ध्यान हमारा सच्चा आनंद है। शाकाहार हमारा सच्चा धर्म है। पिरामिड हमारे ऊर्जा मंदिर हैं। श्वास हमारा प्रिय गुरु है। आत्मविज्ञान हमारा चमत्कारिक ध्वज है। आत्मज्ञानी होना हमारा मुख्य उद्देश्य है। ध्यान प्रशिक्षण हमारी मुख्य लगन है। सत्य हमारा मूल आनंद है। आत्मनिर्भरता हमारा आवश्यक संदेश है। मित्रता हमारा मूलभूत स्वभाव है। सहजता हमारा खास चरित्र है। नम्रता हमारा संग्रहित संस्कार है। सभी किस्म के सभी प्राणी हमारा संपूर्ण ब्रह्मांडीय परिवार है।

दूसरों को ध्यान सिखाने के बाद मुझे और क्या करना चाहिए?

पत्री जी: सभी को ध्यान सिखाएं। फिर यह उन पर निर्भर करता है कि वह उसे करें या ना करें। इसका आगे अन्वेषण करें या ना करें पर आपको शुरुआत कर उन्हें ध्यान का बीज देना चाहिए। वह स्वयं साधना करके इसे वृक्ष बना लेंगे। यदि आप बीज नहीं देंगे तो वह मिट्टी का क्या करेंगे। यह आपका कर्तव्य है कि आप उन्हें बीज दें यानि ध्यान सिखाएं।

मुझे लोगों को ध्यान सिखाना और सेवा करना पसंद है पर लोग मुझे कहते हैं कि मुझे पहले अपने भविष्य पर ध्यान देना चाहिए और यह सब चीज़ें एक तरफ कर देनी चाहिए। कृप्या मेरा मार्गदर्शन करें।

पत्री जी: आप संतुलन के साथ सब कुछ एक साथ कर सकते हैं, यही मध्य मार्ग है।

मास्टर बनने के लिए हमें ध्यान में सहायक वस्तुएं जैसे पिरामिड, क्रिस्टल, क्रॉप सर्किल आदि पर कितना निर्भर होना चाहिए? क्या यह एक नियमित ध्यानी और नए ध्यानी के लिए समान रूप से महत्वपूर्ण है?

पत्री जी: एक मास्टर को किसी चीज़ की जरूरत नहीं होती। हम सभी जानते हैं कि एक छोटे बच्चे, बूढ़े और नेत्रहीन को रास्ता पार करने के लिए किसी की सहायता की जरूरत होती है पर जब आप स्वस्थ और सक्षम हैं तो आपको किसी की जरूरत नहीं है, आप स्वयं रास्ता पार कर सकते हैं। इसी तरह एक मास्टर को किसी चीज़ की आवश्यकता नहीं है पर एक नए व्यक्ति को शुरुआत में कुछ समस्या हो सकती है और यह सभी चीज़ें सहायक होती हैं। सहायक चीज़ हो और आप प्रयोग न करना चाहें, यह आपकी इच्छा है। सहजता यह है कि जो कुछ आपकी सहायता के लिए उपलब्ध है, उसे आदर भाव से स्वीकार करें। इसी तरह आप पिरामिड ऊर्जा, सामूहिक ऊर्जा, पूर्णिमा ऊर्जा, प्रकृति ऊर्जा, क्रिस्टल ऊर्जा आदि की सहायता ले सकते हैं। यदि कोई समस्या है और आप मास्टर भी हैं तो भी आप इन चीज़ों की मदद ले सकते हैं। सहायक वस्तुएं सभी के लिए लाभप्रद हैं चाहे कोई मास्टर हो, ध्यानी हो या ना हो।

बच्चों के लिए ध्यान

हमें स्वयं को, अपने बच्चों को और अपने मित्रों को प्रशिक्षित करना चाहिए कि हमारे मन में कभी भी विनाशकारी विचार न आए। विनाशकारी विचारों को ग्रहण करने से बचें।

क्या बच्चों को जीवन में जल्दी ही ध्यान शुरू करना चाहिए?

पत्री जी: मैं अपने बचपन में ध्यान से वंचित रहा। उस वक्त मुझे यह पता नहीं था कि मुझे क्या चाहिए परंतु अब मैं जानता हूँ कि बचपन में सब बच्चे ध्यान से वंचित रह जाते हैं। ध्यान बच्चों को सब कुछ देता है।

क्या बच्चों को अपनी साँस पर ध्यान देना चाहिए?

पत्री जी: अगर बच्चा 10 साल से छोटा है तो उसे सिर्फ आँखें बंद करने के लिए कहें। अगर बच्चा 10 साल से बढ़ा है तो उसे अपने श्वास पर ध्यान देने के लिए कहें, तब आप उनके जीवन में चमत्कार देखेंगे।

बच्चों को ध्यान सिखाने के बारे में कुछ और बताइए।

पत्री जी: बच्चों को ध्यान सिखाएंगे तो वह तुरंत विश्व ऊर्जा को एक स्पंज की तरह सोख लेते हैं। दरअसल बच्चों को ध्यान सिखाना बड़ों को ध्यान सिखाने से ज्यादा आसान है।

हम अपने बच्चों को ध्यान कैसे सिखा सकते हैं?

पत्री जी: बच्चों को बड़ों से ध्यान सिखाना थोड़ा अलग होता है। बच्चों की उम्र के अनुसार उन्हें कुछ देर आँखे बंद करने के लिए कहें। उदाहरण के लिए 5-साल के बच्चे को 5-मिनट आँखें बंद करने के लिए कहें। उनके लिए उतना काफी है।

बच्चों को ध्यान सिखाना इतना आसान कैसे है?

पत्री जी: बच्चों को गहरे ध्यान की प्रक्रियाओं की कोई आवश्यकता नहीं है। उन्हें सिर्फ 5-10 मिनट तक आँखें बंद करने की आवश्यकता है। बच्चों की तीसरी आँख सक्रिय होती है जबकि व्यस्कों की बंद होती है। बाइबल में कहा गया है जब तक आप बच्चों जैसे नहीं हो जाते, प्रभु के द्वार में प्रवेश नहीं कर सकते। बच्चे पहले से ही ईश्वर के राज्य में हैं। उन्हें संगीत के साथ आँखे बंद करने के लिए कहें। उन्हें श्वास पर ध्यान देने की जरूरत नहीं है। उनकी तीसरी आँख सक्रिय होती है, वह ध्यान के पश्चात अपने अद्भुत अनुभव बताएँगे।

हम अपने बच्चे को खुश कैसे रख सकते हैं?

पत्री जी: जो बच्चे ध्यान का निरंतर अभ्यास करते हैं, वह हमेशा खुश रहते हैं।

जब बच्चे बड़े होकर किशोर अवस्था में आते हैं तो वह क्या समस्याएँ झेलते हैं और वह उन्हें कैसे सुलझा सकते हैं?

पत्री जी: जब बच्चे किशोरावस्था तक पहुँचते हैं तो उनके माता-पिता ही नहीं पूरी सामाजिक व्यवस्था ही उनके लिए एक समस्या हो जाती है। उन्हें कई तरह की अतिरिक्त समस्याएं भी होती हैं। इसलिए उन्हें बचपन से ही ध्यान अभ्यास करना चाहिए ताकि वह इस समय तक अपनी समस्याओं से निपटने के लिए अत्याधिक ऊर्जा ग्रहण कर लें।

बच्चों को ध्यान से क्या प्राप्त होता है?

पत्री जी: आप इसे जिस भी नाम से पुकारें बच्चों को ध्यान से शक्ति, बुद्धिमत्ता, जीवन में संतुलन आदि सब मिलता है।

क्या हमारे सिद्धांत उम्र के साथ बदलते हैं?

पत्री जी: सत्य के सिद्धांत बचपन, किशोरावस्था, युवावस्था या बुढापे तक कभी नहीं बदलते। यह सार्वभौमिक सत्य है, चाहे जो भी उम्र, जाति, लिंग या संस्कृति इत्यादि हो।

बच्चों को नियंत्रित कैसे करें, कृपया स्पष्ट करें?

पत्री जी: हमें स्वयं को नियंत्रित करना चाहिए, न कि दूसरों को। खलील जिबरान कहते हैं आपके बच्चे, आपके बच्चे नहीं हैं, वह आपके माध्यम से आते हैं, आपके द्वारा नहीं। हम सोचते हैं कि वह हमारे से आते हैं परन्तु वह सिर्फ हमारे द्वारा आते हैं। वह हमें चुनते हैं, आपको यह बात समझनी होगी। जन्म लेने से पूर्व वह उच्च लोकों में उच्च आत्माएं हैं। वह एक और जन्म का अनुभव प्राप्त करने यहाँ आए हैं। एक प्रौढ़ आत्मा एक छोटे से शरीर में हैं। जब तक आप इस आध्यात्मिक विज्ञान को नहीं समझेंगे आप एक आध्यात्मिक माता-पिता नही बन पाएँगे।

बच्चों को हम कैसे सिखा सकते हैं?

पत्री जी: आप उन के लिये सिर्फ उदाहरण पेश कर सकते हैं। बच्चे वह नहीं सुनेंगे जो आप कह रहे हैं, जो आप करते हैं, वह उसे देखकर सीखते हैं।

क्या आध्यात्मिक और गैर-आध्यात्मिक माता-पिता मे कोई फर्क होता है?

पत्री जी: एक आध्यात्मिक और गैर-आध्यात्मिक माता-पिता में बहुत अंतर होता है। गैर-आध्यात्मिक माता-पिता के साथ घर नर्क समान होता है जबकि आध्यात्मिक माता-पिता के साथ घर स्वर्ग समान होता है।

क्या यह सम्भव है कि बच्चे की आत्मा अपने माता-पिता की आत्मा से अधिक उन्नत हो?

पत्री जी: हाँ ! 99% ऐसा ही होता है। बच्चे अपने माता-पिता से भी अधिक आध्यात्मिक होते हैं। माता-पिता समझते हैं कि बच्चों को सिखाएंगे लेकिन अक्सर बच्चे ही अपने माता-पिता को कुछ ना कुछ सिखाते हैं। उदाहरण के लिए प्रहलाद और हिरणकश्यप के मामले में कौन ज्यादा आध्यात्मिक था?

हिरणकश्यप एक महान राक्षस था जबकि प्रहलाद एक आत्मज्ञानी था। हिरणकश्यप प्रहलाद को नियंत्रित करना चाहता था लेकिन प्रहलाद ने ऐसा होने नहीं दिया।

क्या माता-पिता को बच्चों से सीखना चाहिए?

पत्री जी: हाँ ! माता-पिता को यह समझना चाहिए कि वह अपने बच्चों से अधिक समझदार नहीं हैं और उन्हें बच्चों से सीखना चाहिए। बच्चे आपकी संपत्ति नहीं, आपके शिक्षक हैं। ऐसा इसलिए है क्योंकि आपको यहाँ आए कुछ समय हो चुका है जबकि बच्चे अभी आए हैं और वह एक तरह से नवीनतम संस्करण हैं, इसलिए आपको उनसे सीखना चाहिए।

बच्चों को क्या देना चाहिए?

पत्री जी: आप उन्हें अपना प्यार मत दीजिए। आप उन्हें ध्यान दीजिए। संगीत, प्रकृति, खेलकूद और ध्यान बहुत महत्वपूर्ण है। बच्चों को वह दो जो उन्हें चाहिए, न कि वह जो आप उन्हें देना चाहते हैं।

बच्चों को किताबें पढ़ने के लिए कैसे प्रेरित करें?

पत्री जी: आप अपने बच्चों की ज्यादा चिंता न करें। पहले आप अपनी चिंता करें। जब आप स्वयं बच्चे के समक्ष किताबें पढ़ेंगे तो बच्चे भी पढ़ना शुरू कर देंगे। वह आपसे पूछेंगे, "आप क्या पढ़ रहे हो?" आप उन्हें कह सकते हैं कि "मैं एस्ट्रल ट्रैवल के बारे में कुछ पढ़ रहा हूँ?" वह तुरंत आपसे पूछेंगे ह्यह एस्ट्रल ट्रैवल क्या है? इंच-इंच कर के वह आपकी तरफ बढ़ेंगे, वह आपकी तरफ लंबी छलांग नहीं लगाएंगे। यह बहुत कम देखा गया है कि कोई बच्चा अपने माता-पिता का अनुसरण न करे।

गुरु या शिक्षक

हमारा कोई विशेष शिक्षक नहीं हैं ... हमारा कोई विशेष भगवान नहीं है ... हम ही अपने विशेष शिक्षक हैं ... हम ही अपने विशेष भगवान हैं...

किसी कार्य के प्रति निष्ठा के लिए क्या किसी व्यक्ति, गुरु या प्रकृति के प्रति समर्पण आवश्यक है?

पत्री जी: मैं कभी किसी काम के लिए किसी के आगे समर्पण नहीं करता। किसी को समझना हो तो मैं उसे ध्यानपूर्वक सुनता हूँ। संगीत सीखने के लिए भी मैंने कभी किसी गुरु के आगे समर्पण नहीं किया। संगीत सीखने के समय भी मैं संगीत गुरु को अत्यंत ध्यानपूर्वक सुनता था और उनसे तकनीक सीखने की पूरी कोशिश करता था। हम यहां सब से सीखने के लिए आए हैं, समर्पण के लिए नहीं ... PSSM में समर्पण का कोई विषय नहीं है।

हम अक्सर समर्पण शब्द का उपयोग करते हैं, इसका क्या अर्थ है?

पत्री जी: स्वयं को समझने के लिए हम ध्यान करते हैं, यदि हम दूसरों को समझना चाहते हैं तो हमें ठीक से सुनना होगा। यहां समर्पण की क्या आवश्यकता है? हम समर्पण नहीं करते, हम दूसरों को समझने

का प्रयास करते हैं ... हम प्रकृति को समझने का प्रयास करते हैं। इसमें समर्पण की कोई आवश्यकता नहीं है, समर्पण एक मूर्खता है। जिस दिन आप समझ लेंगे कि समर्पण एक मूर्खता है उस दिन आप PSSM में होंगे।

PSSM में कोई किसी को समर्पण नहीं करता तो इसका यह मतलब नहीं कि हम किसी व्यक्ति या वस्तु के खिलाफ हैं। हम हमेशा सबके लिए हैं और PSSM सब के साथ है। हम बिना समर्पण किए माता-पिता और समाज के लिए काम कर रहे हैं, समर्पण का कोई कारण नहीं है।

आपकी दृष्टि में क्या यह उचित प्रश्न नहीं है कि हमें अपने गुरु के आगे समर्पण करना चाहिए?

पत्री जी: नहीं ! गुरु को सब समर्पित कर दो ! यह शब्द भारत में अक्सर दोहराया जाता है। PSSM में कोई गुरु नहीं है, PSSM में हम सब स्वतंत्र है। हमें किसी चीज़ के लिए, किसी के आगे समर्पण नहीं करना है। हमारी जो भी आवश्यकता है, हम उसे समझते हैं और उस पर अपना ध्यान केंद्रित करते हैं।

क्या सुनना समर्पण है?

पत्री जी: यह दोनों अलग हैं, सुनना समर्पण नहीं है। सुनना अलग है और समर्पण अलग है।

भारतीय सभ्यता में गुरु के चरण स्पर्श करना एक प्रथा है। आप इसे प्रोत्साहित क्यों नहीं करते?

पत्री जी: क्या स्कूल में आपने कभी अपने गणित अध्यापक के चरण स्पर्श किये थे? मैं जब संगीत की शिक्षा लेता था अक्सर लोग वहाँ गुरु के चरण स्पर्श करते थे परंतु मैंने कभी नहीं किए। मैं शुरू से ही इसके विरुद्ध था। मैं वहां संगीत सीखने जाता था और वह मुझे संगीत सिखाते थे, बस इतना ही। मैंने कभी उनके पैर नहीं छुए। जब कोई मेरे

पास आध्यात्मिक ज्ञानवर्धन के लिए आता है तो मैं उसे आध्यात्मिक ज्ञान दूँगा, ठीक उसी तरह जैसे गणित, भौतिकी और जीव विज्ञान का अध्यापक ज्ञान देता है क्यूंकि यह एक अध्यात्मिक कक्षा है। मैं किसी को भी अपने चरण स्पर्श करने की अनुमति नहीं देता क्योंकि यह एक अनचाहा भारीपन है और एक तरह की गुलामी है। आप स्वयं एक स्वतंत्र भगवान हैं आपको किसी के सामने झुकने की आवश्यकता नहीं है। यह रिवाज बिना किसी सवाल के एक अंधविश्वास की तरह विशेषकर भारतीय परंपरा में पालन किया जा रहा है। हम सब बराबर हैं। मैं आप से अधिक नहीं और आप मुझ से कम नहीं हैं।

मुझे आपका आशीर्वाद चाहिए?

पत्री जी: मैं आपको शुभकामनाएं दूँगा लेकिन आशीर्वाद नहीं। आशीर्वाद महान मास्टर देते हैं मैं एक साधारण व्यक्ति हूँ, मैं शुभेच्छा देता हूँ, आशीर्वाद नहीं।

आप मुझे कोई सन्देश दें?

पत्री जी: एक अच्छा अध्यापक एक अच्छा विद्यार्थी भी है। जब आप सिखाते हैं तब आप सीखते भी हैं। आप जितना सिखाओगे उतना ही सीखोगे। आप जानते हैं मैं क्यों सिखाता हूँ? क्योंकि मैं और सीखना चाहता हूँ! मैंने जितना सिखाया है हर सत्र में, मैंने उतना वापस पाया है।

हमने स्वतंत्रता और मुक्त इच्छा के बारे में काफी कुछ सुना है, क्या यह दोनों एक ही हैं या अलग-अलग हैं?

पत्री जी: यह दोनों एक ही हैं। इसका मतलब है, आप आत्मनिर्भर हैं। किसी पर निर्भर ना होना ही स्वतंत्रता है। अगर आप किसी पर आश्रित हैं तो आप स्वतंत्र नहीं हैं। हर स्थिति में स्वतंत्रता या मुक्त इच्छा को मान्यता देना है। श्री कृष्ण ने अर्जुन को भगवद गीता का उपदेश देकर अंत में यही कहा कि जो तुम्हारी इच्छा है वही करो। उन्होंने अर्जुन को

कोई आदेश नहीं दिया। श्री कृष्ण ने अर्जुन को स्वतंत्रता प्रदान की और कहा जो इच्छा हो वह करो। आपका हमेशा एक स्वतंत्र अस्तित्व है, मेरे आगे समर्पण मत करो।

श्री कृष्ण समर्पण विषय के विरुद्ध थे "किसी भी समय, किसी भी जगह, किसी भी परिस्थिति में जो आपका दिल कहे, वह करो"।

आप मेरे शब्दों को ध्यान से सुनो लेकिन मेरे आगे समर्पण ना करो। अपनी स्वतंत्रता को कायम रखो और अंत में वही करो जो आप करना चाहते हो, यही भगवद गीता का अंतिम संदेश है और यही PSSM का पहला सन्देश है, यथेच्छसि तथा कुरु!

क्या मैं मुक्ति इच्छा के नाम पर कुछ भी कर सकता हूँ?

पत्री जी: आप जो चाहे वह करो, परंतु सदैव याद रखो कि इसका परिणाम भोगना पड़ेगा। अगर आप मांस खाना चाहते हैं तो खाइए लेकिन जल्द किसी बीमारी या मृत्यु के रूप में परिणाम भुगतना पड़ेगा। यदि आप ज्ञान प्राप्त करना चाहते हैं तो सभी आध्यात्मिक पुस्तकें पढ़ें और ज्ञान प्राप्त करने का परिणाम पाएं। जो चाहे करो लेकिन हमेशा याद रहे कि आपको कर्मों का फल भोगना ही है। जब आप कुछ करेंगे और उसका परिणाम पाएंगे तो यह परिणाम ही आपको सिखाएगा कि आगे क्या करना है और क्या नहीं करना है। आप कुछ भी करने के लिए हमेशा स्वतंत्र हैं। स्वतंत्रता हर आत्मा की बुनियादी विशेषता है; स्वतंत्रता और मुक्त इच्छा एक ही बात है।

गुरु की तलाश कैसे करें, कृपया बताएं?

पत्री जी: सबसे पहली बात तो यह है कि कोई एक गुरु नहीं है। सब के अनगिनत गुरु होते हैं। हम सबसे कुछ न कुछ सीखते हैं और आप भी कई लोगों के लिए गुरु हैं। जब भी आप कोई नया विषय सीखते हैं तब आपने एक नया गुरु पाया है। इसी तरह हम गुरु को पहचान सकते हैं।

अच्छा गुरु कौन है?

पत्री जी: जो भी आपको सही विषय सिखाए, वह गुरु है। अगर आप शराब पीते हैं और कोई आपको ज्यादा तेज शराब पीने के लिए उत्तेजित करे तो वह व्यक्ति अच्छा गुरु नहीं है। वह आपको गलत दिशा में ले जा रहा है। जो भी आपको सही दिशा दिखाए वही अच्छा गुरु है। हमें कई सही दिशाओं में जाना है इसलिए हमें अपने जीवन काल में अच्छे गुरुओं की आवश्यकता है।

गुरु हमारे जीवन में कब आते हैं?

पत्री जी: जब आप अपने हृदय और मन को खुला रखेंगे तो आपको कई गुरु मिल जाएंगे। अगर आपका दिलो-दिमाग बंद है तब आपको कोई राह दिखाने वाला नहीं मिलेगा। फिर आप शिकायत करेंगे कि आपको कोई गुरु नहीं मिला। यह आपकी गलती है क्योंकि आप में खुलापन नहीं है। जब आपका मन खुला है तब आपको सब जगह गुरु मिलेंगे। आपके विकास के लिए आपको सब तरफ से अच्छे सुझाव मिलने लगेंगे; कैसे बात करें, कैसे लिखें, कैसे पढ़ें, कैसे ध्यान करें, कैसे खाना पकाएं, कैसे उठें, कैसे बैठें, इत्यादि और आप इन सब सुझावों का समावेश करने लगेंगे। जब कोई आपको सुझाव देगा तो उसे अपनाकर आप और विकसित होंगे।

क्या अपनी आध्यात्मिक यात्रा में एक गुरु को छोड़कर दूसरे गुरु के पास जाना ठीक है?

पत्री जी: हाँ ! बिल्कुल, अध्यात्म में एक गुरु की कोई धारणा नहीं है। जो भी कोई गुरु सिखाता है, आपको सीखना होगा स क्या विद्यालय में आपका केवल एक अध्यापक था? नहीं ! अलग-अलग अध्यापक अलग-अलग विषय पढ़ाते थे, जैसे अंग्रेजी, गणित इत्यादि स विषय वही रहते हैं पर जैसे-जैसे आप बड़े होते हैं, अध्यापक बदल जाते हैं। अध्यात्म में भी विषय वही रहता है और वक्त के साथ गुरु बदल

जाते हैं। आपको हर किसी से सीखना है और हर किसी को सुनना है। अध्यात्म में कई विभाग हैं और अनेक लोग हैं जिन्होंने इन विभागों में महारत हासिल की है। इसलिए आपको इन सभी विभागों की जानकारी लेनी होगी और हर किसी से सीखना होगा।

क्या ध्यानी के लिए गुरु महत्वपूर्ण है?

पत्री जी: गुरु की धारणा महत्वपूर्ण नहीं है बल्कि समान सोच वाले व्यक्ति, सह-यात्री मिलना आवश्यक है।

समान पंखों वाले पक्षी एक समूह में उड़ते हैं (Birds of same feathers flock together) जैसे-जैसे हम जीवन में प्रगति करते हैं, हम एक समूह में जीना सीख लेते हैं, जिनका और हमारा रास्ता एक होता है।

मूर्ति पूजा

जब तक आप नहीं जान लेते कि आप ही भगवान हैं तब तक आप बाहर किसी भगवान की पूजा करते रहते हैं। जब आप समझ लेते हैं कि आप ही भगवान हैं फिर आपके लिए कोई मंदिर, गिरजाघर और पूजा नहीं है।

कृपया मुझे समझाएं हमें मूर्ति पूजा या जीवित गुरु की पूजा क्यों नहीं करनी चाहिए?

पत्री जीः एक महान गुरु स्वामी दयानन्द सरस्वती जी के द्वारा लिखी गई पुस्तक 'सत्यार्थ प्रकाश' पढ़ें। जिसमें उन्होंने सभी तरह के प्रचलित धार्मिक रीति-रिवाज व् कर्मकांड का खंडन किया है। पवित्र इस्लामिक ग्रंथ पढ़ें जिसमें पैगम्बर मुहम्मद ने पूर्णतया मूर्तिपूजा का निषेध किया है। बुद्ध का पूर्ण साहित्य पढ़ें और जीसस के वचनों को समझें। भगवान के साम्राज्य में मैं और आप एक ही हैं। अपने स्वप्न से जागो और पता लगाओ, आप कौन हो! ध्यान करो !

खुद को संभालना

ध्यान का अर्थ स्वयं के साथ रहना, स्वयं से प्यार करना, स्वयं के साथ समय बिताना है। कर्म सिद्धांत को समझना यानि शाकाहारी होना, ध्यानी बनना और एक ही बार में समझ लेना कि हम स्वयं ही अपनी निजी वास्तविकता के सृजनकर्ता हैं।

हमारी प्राथमिकता स्वयं को समझना और कुछ निम्न प्रश्नों के उत्तर तलाशना है-

1. हम कौन हैं?

2. हम कहां से आए हैं?

3. मृत्यु क्या है?

4. जन्म क्या है?

5. जीवन क्या है?

6. मानव जीवन के दुखों एवं कष्टों का स्रोत क्या है?

7. क्या हमारे दुख स्व निर्मित हैं या भगवान ने हमें दिए हैं जिन पर हमारा कोई नियंत्रण नहीं है।

अध्यात्म मतलब स्वयं पर पूर्ण विश्वास, ध्यान मतलब स्वयं में लीन होकर आनंद लेना है। व्यक्ति के अनिवार्य रूप से दो हिस्से हैं-एक व्यक्तिगत स्व और दूसरा अव्यक्तिगत स्व। हमें व्यक्ति के दोनों हिस्सों को देखना है।

मैं एक बेहतर इंसान कैसे बन सकता हूँ?

पत्री जी: इन 4 तरीकों से आप एक बेहतर इंसान बन सकते हैं–

1. हमेशा दिमाग खुला रखिए।
2. चीज़ों को कभी ना टालें। ।
3. मृत्यु के लिए हमेशा तैयार रहें।
4. दूसरों की मृत्यु के लिए भी हमेशा तैयार रहें।

मैं हमेशा उलझन की स्थिति में रहता हूँ और इसलिए दुखी रहता हूँ। मैं इस स्थिति से बाहर कैसे निकल सकता हूँ?

पत्री जी: उलझन मनुष्य की सेहत के लिए बहुत अच्छी है। मैं हमेशा दूसरों को उलझाता रहता हूँ। उलझन बहुत आवश्यक है। उलझन के बाद ही आप आत्मज्ञानी बनते हो। हमेशा उलझन में भी उतना ही खुश रहें जितना स्पष्टता में खुश रहते हैं। मेरे पास लाखों उलझनें हैं फिर भी मैं एक आत्मज्ञानी हूँ।

मेरे अंदर बहुत डर है, मैं इस डर से कैसे बाहर आ सकता हूँ?

पत्री जी: आप ज्यादा ध्यान कीजिए और ऐसे लोगों के साथ रहिए जो निडर हैं। पिरामिड वैली बेंगलूरु में आकर रहें और अपने साथ समय बिताएं।

व्यग्रता से कैसे बचें?

पत्री जी: आपको और अधिक ध्यान की आवश्यकता है। सुबह ध्यान.. शाम को ध्यान।

मुझे अंधेरे से डर लगता है। मैं इस से कैसे बाहर निकलूँ?

पत्री जी: अगर आप अंधेरे से डरते हैं तो दो दिन लगातार किसी अंधेरे कमरे में बिताएं। आप इस डर से बाहर आ जाएंगे। कैसा भी डर हो, आपको अपने डर का सीधा सामना करना होगा।

कुछ विशेष परिस्थितियों में हम अपना धैर्य खो बैठते हैं और कुछ नकारात्मक हो जाता है। उस समय लगता है जैसे जीवन हमारी परीक्षा ले रहा है। जब कभी ऐसा हो तो ध्यान की राह में आगे बढ़ने के लिए आप क्या सलाह देते हैं?

पत्री जी: जीवन में हर कोई परेशानियों से घिरा है। आपके साथ भी समस्याएं हैं। जीवन में समस्याएं एक नई सोच को जगाने, समझ-बूझ को विकसित करने और नयी प्रतिभा को उत्पन्न करने के लिए प्रेरणा बनकर आती हैं। समस्या के बिना वह खास प्रतिभा बाहर नहीं आ सकती। हर समस्या आत्मा की सोई हुई किसी खास प्रतिभा को उजागर करने का एक अवसर है।

आत्मा कई महान प्रतिभाओं से युक्त है लेकिन सो रही है और सोचना नहीं चाहती। समस्याएं हमें सोचने पर मजबूर कर देती हैं और हमारे अंदर की प्रतिभा को बाहर ला खड़ा करती हैं। हमें अपनी सब समस्याओं का धन्यवाद करना चाहिए। इसीलिए जीवन समस्याओं से भरा है। हर समस्या हमारी प्रतिभा को बाहर लाने का एक खूबसूरत अवसर है।

अंग्रेजों ने बाल गंगाधर तिलक को पांच साल के लिए अंडमान जेल भेज दिया। वहां जेल में उन्हें बहुत समय मिल गया और उन्होंने भगवद गीता पर व्याख्यान लिखा। अगर वह जेल नहीं जाते तो इतनी व्यस्तता में उन्हें यह पुस्तक लिखने का समय नहीं मिलता। इस महान पुस्तक को लिखने से उन्हें बहुत खुशी मिली। हर समस्या से नई प्रतिभा उजागर करने का नया द्वार खुलता है। हर आत्मा भगवान है जो अनंत प्रतिभाओं का समवेश है।

मैं बहुत मेहनती हूँ फिर भी मुझे अच्छा नतीजा नहीं मिलता। कृपया समझाएं?

पत्री जी: नतीजे रातों-रात नहीं मिलते। फिर भी नतीजे आपका ही इंतजार करते हैं। आपको खुद को पूरा समय देना होता है और धैर्य रखना पड़ता है।

क्या मैं बिना कोई काम किए खुश रह सकता हूँ?

पत्री जी: बिना कोई काम किए आप हमेशा खुश रह सकते हैं। खुश रहने के लिए जरूरी नहीं कि आप हमेशा काम ही करते रहें। अगर आप बिना काम किए खुश रह सकते हैं तो यह भी परिपूर्ण है। रमण महर्षि हमेशा बिना कोई काम किए खुश रहते थे। उन्होंने कभी भी कुछ नहीं किया फिर भी वह हमेशा खुश व संतुष्ट रहे। इसके विपरीत गांधी जी हमेशा कुछ ना कुछ करते रहते थे। अगर गांधी जी अंग्रेजों से संघर्ष ना करते तो कभी संतुष्ट नहीं रहते। इसलिए वह अपने देशवासियों के लिए हमेशा संघर्षरत रहे।

संतुष्टि अलग-अलग लोगों के लिए अलग-अलग स्रोतों से आती है। आपको ही अपनी संतुष्टि का मार्ग खोजना है लेकिन ना तो रमण महर्षि आलसी थे, ना ही महात्मा गांधी, दोनों ही संतुष्ट व्यक्ति थे, उनके मार्ग अलग थे। उस्ताद बिस्मिल्लाह खान जब तक शहनाई नहीं बजा लेते तब तक संतुष्ट नहीं होते थे। इस प्रकार संतुष्टि हर किसी के लिए विभिन्न स्रोतों से आती है।

आप जो चाहे कर सकते हैं या कुछ भी ना करें, सब आप पर निर्भर है। संतुष्टि का मार्ग खुद तलाशना होगा। अगर हिटलर लोगों को नहीं मरता तो उसे संतुष्टि नहीं मिलती। मारकर और खून बहाकर ही उसे संतुष्टि मिलती थी। यह सब व्यक्ति पर निर्भर है कि उसे कैसा खेल खेलना है और क्या परिणाम भुगतना है। आप कोई भी खेल खेल सकते हैं परंतु याद रहे, हर खेल का परिणाम होता है। हमें यह समझना चाहिए।

हम अपने दैनिक जीवन में विभिन्न चीज़ों को कैसे संतुलित कर सकते हैं?

पत्री जी: संतुलन का कोई प्रश्न ही नहीं है। जो भी काम हमारे मार्ग में आएगा, वह हमें करना ही है। जो भी सामने आए, आप को स्वीकार करना ही है। स्वीकार करने के लिए ध्यान के मास्टर बनना है।

मैं एक NGO में काम करता हूँ और बहुत खुश हूँ लेकिन जब मैं घर आता हूँ तो इतना खुश नहीं रहता, ऐसा क्यों है?

पत्री जी: कार्यस्थल या किसी भी जगह, (घर के अलावा) हर जगह हमें अपने जैसे लोग मिलते हैं इसलिए हम वहां खुश रहते हैं। विशेषकर NGO जैसी जगह पर हर आत्मा एक ही स्तर पर है लेकिन घर पर सब अलग-अलग आत्मा के स्तर पर हैं। घर पर सबका अपना अपना स्वार्थ है, इसीलिए आप घर पर खुश नहीं है लेकिन NGO में किसी का कोई निजी स्वार्थ नहीं है तो आप कुदरती वहां खुश रहते हैं।

जब मन भूतकाल में गड़े मुर्दें उखाड़ने लगता है तो उदास या दोष भाव से भर जाता है, ऐसी-परिस्थिति से कैसे बाहर आ सकते हैं?

पत्री जी: यह समस्या सब के साथ है जब आत्मा पुरानी बातों को दोष देने लगती है। इसके लिए हमें ज्यादा ध्यान करना चाहिए और वर्तमान क्षण में रहना चाहिए। भूतकाल तो भूतकाल है, भविष्य अभी आया नहीं; इसलिए हमें वर्तमान में रहना सीखना होगा। इसके लिए बहुत ही

अभ्यास चाहिए, यह इतनी आसानी से नहीं होता। हमें वर्तमान में जीने के लिए खूब प्रयास करना चाहिए ताकि हम भूतकाल में ना विचरते रहें।

मैं 58 वर्ष पश्चात आध्यात्मिकता में आया हूँ। मैंने अपनी जीवन योजना ठीक से क्यों नहीं बनाई?

पत्री जी: जब तक हमें भूख ना लगे, हम ठीक से नहीं खा सकते। पहले हमें भूख लगती है तभी हम खाते हैं। इसी प्रकार हमें शुरू में आत्मज्ञान प्राप्त नहीं होता, हम उसका इंतजार और तलाश करते हैं, फिर आखिर हमें वह प्राप्त हो जाता है। इसलिए हम स्वयं के लिए मुश्किलें, मुसीबतें आदि झेलने की योजना बनाते हैं। पहले मुश्किलें आती हैं फिर हम समाधान खोजते हैं। आपने अपने जीवन की योजना सही बनाई है।

जीवन में हम बार-बार एक तरह की कठिनाइयां से क्यों गुजरते हैं?

पत्री जी: क्योंकि बीते हुए कल में आपने उन कठिनाइयों से कोई सबक नहीं सीखा। जब हम सबक नहीं सीखेंगे, इतिहास अपने आप को दोहराता रहेगा। आपको इतिहास से सबक सीखना होगा फिर वह अपने आप को नहीं दोहराएगा। अगर इतिहास अपने को दोहराता है मतलब आपने उससे कुछ नहीं सीखा आप एक नासमझ विद्यार्थी हैं। आपको अपने अनुभव से सीखना चाहिए। आपको अपने अनुभव का विद्यार्थी होना चाहिए, फिर इतिहास खुद को नहीं दोहराएगा तब आप में और आपके जीवन में एक नयापन होगा। आपको एक अच्छा विद्यार्थी बनना होगा।

आपको अपने अनुभव से सीखना होगा। यहां आप किसी और के विद्यार्थी नहीं और न ही किसी के अध्यापक हैं। आपका जीवन एक गुरु समान है और आप अपने जीवन के शिष्य हैं। अपने परिवार, अपने इतिहास से सीखें और अपना वर्तमान सुधारें। अगर आपने इतिहास से सबक नहीं लिया तो फिर इतिहास अपने आपको दोहराएगा।

सुबह उठने पर मन कभी-कभी अव्यवस्थित होता है। इससे कैसे बचें?

पत्री जी: मन स्वभाव से बिखरा रहता है। पौधा हमेशा स्वाभाविक रूप से सूर्य की तरफ अग्रसर होता है। जड़ स्वभाव से हमेशा पृथ्वी के केंद्र की तरफ अग्रसर होती है। इसी प्रकार मन स्वाभाविक रूप से अव्यवस्थित है, यह प्राकृतिक है। यह समस्या सब के लिए है और इसका समाधान आनापानसति ध्यान का अभ्यास है या फिर किसी रचनात्मक कार्य में लग जाना यानि कर्म योग में रहना। जब आप किसी रचनात्मक कार्य में सलंग्न हो जाते हैं तो मन अधिक केंद्रित और कम अव्यवस्थित हो जाता है।

मैं अपने बीते दुखद अनुभवों को कैसे भुला सकता हूँ?

पत्री जी: नए आध्यात्मिक मित्र बनाइए। उन नए मित्रों और ध्यानियों की संगत में रहिए। उनके अनुभवों को सुनिए और उनसे सीखिए। उनकी जीवन शैली को देखें, वह कैसे बोलते, खाते और सोचते हैं, कैसे दूसरों को परस्पर प्रभावित और नैतिक कार्य शैली इत्यादि से काम करते हैं।

हम अपनी चुनौतियों से बाहर कब आते हैं?

पत्री जी: हर कोई अपनी चुनौतियों का सामना अपने स्तर के अनुसार करता है। विद्यालयों में बच्चे की अपनी चुनौतियाँ हैं।

किशोर अवस्था में अपनी चुनौतियाँ होती हैं-प्यार, आकर्षण और सामाजिक दबाव। फिर वह पारिवारिक जीवन की कुछ और चुनौतियों को ले आते हैं। यहाँ तक की वृद्धावस्था की भी अलग चुनौतियाँ होंगी। जीवन की हर अवस्था में चुनौतियाँ हमेशा होंगी।

जब दूसरे लोग मेरे काम में हस्तक्षेप कर और मेरी गति को धीमा कर दें, तो मुझे क्या करना चाहिए?

पत्री जी: यह चुनाव आपका है ! आप धीमा होना चुन सकते हैं। मानो आप गाड़ी चला रहे हैं। क्या आप जानते नहीं कि आपके सामने का यातायात आपकी गति को धीमा कर देगा और आपको

धीमा होना ही पड़ेगा? इसी प्रकार, हो सकता है लोग आपके लिए संदेश लाए हों कि आप धीमे हो जाएं। अगर आप ध्यानी हैं तो परिस्थति के अनुसार आप स्वयं जान और समझ लेंगे। यदि आपकी अंतरात्मा और आपके ध्यान के अनुभव आपका मार्गदर्शन कर रहे हैं तो विकल्प के तौर पर आप आगे जाने का निर्णय भी ले सकते हैं, यह आपका चुनाव है। निरंतर ध्यान आपके आंतरिक दिशा-निर्देश को और मजबूत करता है।

कभी-कभी मुझे लगता है, मुझे वह महत्व नहीं मिल रहा जिसके मैं काबिल हूँ। यह बात मुझे आध्यात्मिक स्तर पर भी आहत और क्रोधित करती है। मुझे अहसास होता है यह मेरा अहंकार है। मैं अहंकार से कैसे पार जाकर आंतरिक शांति पा सकता हूँ, या फिर यह सिर्फ संतों के लिए है?

पत्री जी: आप और ध्यान करो।

हम और सहनशील कैसे बन सकते हैं?

पत्री जी: सहनशील आदर से आती है और असहनशीलता अनादर से आती है। आपको सबका आदर करना चाहिए। हर प्राणी, मनुष्य, पौधे, पशु-पक्षी और मछली को आदर देना आध्यात्मिकता है। स्वयं को और हर जीव को आदर दें।

स्वयं का आदर बढ़ाएं और हर जीव का आदर करें आप सहनशील हो जाएँगे। अगर आप दूसरों का मूल्यांकन करेंगे अथवा कोई कल्पना या निष्कर्ष निकालेंगे तो आदर देना कठिन हो जाएगा। इसीलिए आध्यात्मिकता के अभ्यास में "शिकायत न करना" तथा "मूल्यांकन न करना" प्रथम सिद्धांत है।

हम हर चीज़ से बहुत जल्दी ऊब जाते हैं। इसके पीछे क्या कारण है और हम इस पर कैसे काबू पा सकते हैं?

पत्री जी: ऊब जाना मन की एक सामान्य विशेषता है। सबका मन ऐसा ही होता है –एक पियक्कड़ बंदर की भाँति। मन की इस आसानी से ऊब जाने की वजह से हमें इतनी परेशानियों का सामना करना पड़ता है।

एक शांत जीवन कैसे व्यतीत किया जा सकता है?

पत्री जी: जहाँ तक हो सके हमेशा शांत रहें। अपने आपको जितना हो सके आरामदायक रखें और उत्साहवर्धक कार्यों में लिप्त रहें। अपने इर्दगिर्द हर पल सब को करुणा की दृष्टि से सुनने को तत्पर रहें। अपने भीतर और बाहर अधिक से अधिक ज्ञान अर्जित करें। जो भी घट रहा है उसके प्रति जागरूक रहें।

अपने नजदीकी लोगों द्वारा किये अन्याय को हम कैसे भूल सकते हैं?

पत्री जी: आपको याद करना होगा कि पिछले जन्मों में आपने भी उनके साथ वही अन्याय किया। आपका पिछला जन्म उन सब कर्मों से भरा है। आप अपने ही परिवार के प्रति क्रूर रहे थे इसलिए वह सब लौटकर आपके पास आया है। आपका जीवन साथी अब आपको परेशान कर रहा है। आपको अपने कर्मों का सामना करना होगा, जो भी आपकी तरफ आया है वो आपके कर्मों की वजह से ही है और जब तक आप अपना कर्म स्वीकार नहीं कर लेते आप आत्मज्ञानी नहीं हो सकते। इसलिए जो भी आपके परिवार के सदस्यों से या नजदीकी रिश्तेदारों से आपके पास आ रहा है उसे स्वीकार करें और गहन ध्यान का अभ्यास करें।

अगर आप अपने कर्मों को स्वीकार नहीं करते तो आप बहुत मुसीबत में पड़ जाएँगे। आप मुसीबत में इसलिए नहीं है कि आपके प्रति दूसरों ने कुछ किया है, आप मुसीबत में इसलिए हैं कि आप अपने प्रति क्या कर रहे हैं? आपने पिछले जन्म में जो कर्म किये हैं उन कर्मों को स्वीकार ना करके आप मुसीबत में हैं। सब उत्तर पिछले जन्मो में है, सब सवाल इस जन्म में उत्पन्न हुए हैं। लोगों को पिछले जन्मों के

सिद्धांत को समझना चाहिए क्योंकि सब उत्तर पिछले जन्मों से मिलेंगे। जो लोग पिछले जन्मों में यकीन नहीं रखते, वह हमेशा सवालों में ही उलझे रहते हैं ... कभी न खत्म होने वाले सवाल ... उत्तर रहित सवाल। अभी का जन्म सवाल देगा और पूर्व जन्म उत्तर देगा।

क्या कॉर्पोरेट कम्पनी में अतिरिक्त घंटे और अतिरिक्त आय की धारणा अच्छी है?

पत्री जी: कॉर्पोरेट कम्पनी क्षेत्र में प्रलोभन को बढावा दिया जाता है। अगर आप अधिक काम करेंगे, आप अधिक आमदनी पाएँगे। जब आप दफ्तर में अतिरिक्त घंटे काम करेंगे तो आप अतिरिक्त आय पाएँगे। कंपनियों को ऐसा नहीं करना चाहिए बल्कि उनको अपने कर्मचारियों को कहना चाहिए ध्यान करें और स्वयं को आध्यात्मिक बनाएं। इस प्रकार वह अपने लिए और समाज के किए बेहतर योगदान दे पाएंगे।

कैसे कुछ कंपनियां थोड़े समय में ही अच्छी सफल हो जाती हैं?

पत्री जी: कंपनियां तेजी से सफल होती हैं और फिर असफल हो जाती हैं। देखें मुगल साम्राज्य या ब्रिटिश साम्राज्य के साथ क्या हुआ? बिलकुल समुद्र की लहर की तरह तेजी के साथ ऊपर उठे और फिर गिर गए, यह साम्राज्य और कंपनियां ऐसे ही हैं।

कई लोग टीम के अंदर कड़ी मेहनत करते हैं लेकिन उसका श्रेय सब को क्यों नहीं मिलता?

पत्री जी: जब हम भारत की स्वतंत्रता की बात करते हैं तो क्यों हम सिर्फ गांधी जी की ही बात करते हैं? सब ने स्वतंत्रता के लिए काम किया लेकिन गांधी जी की भूमिका प्रमुख थी। पहले हम गांधी जी की बात करते हैं न कि नेहरु, पटेल, तिलक या गोखले की। कई लोगों ने इसके लिए अपना जीवन कुर्बान किया, यह एक सामूहिक प्रभाव था। यह कोई एक आदमी का परिश्रम नहीं था पर हम किसी भी क्षेत्र में

एक व्यक्ति को उसकी अहमियत देते हैं। भारत की आजादी के लिए हर कोई लड़ा और उन सब ने अपनी जान गँवायी; किसी की जान की कीमत दूसरे की जान से कम नहीं है। उन्हें कोई नाम या शोहरत नहीं मिली लेकिन वो सब एक ही स्तर पर हैं। यह वास्तविकता की प्रकृति है। एक परिवार के कार्य में सब अपना योगदान देते हैं पर अक्सर श्रेय सिर्फ घर के मुखिया को जाता है। फिर भी परिवार के सब लोग खुश रहते है क्योंकि वह अपने को परिवार के मुखिया से अलग नही समझते हैं। वह अपने को मुखिया का हिस्सा ही मानते हैं। प्रकृति इन चीज़ों में कोई फर्क नही करती। हमें यही समझ अपने जीवन में उतारनी है। ध्यान इसे सम्भव बनाता हैं।

क्या हमें किसी क्षेत्र में महारत हासिल करने की आवश्यकता है?

पत्री जी: हर किसी को कोई एक विषय में महारत प्राप्त करनी चाहिए। यह हमारा समाज और मानवता के प्रति एक उपहार है। महारत प्राप्त करने के लिए किसी एक क्षेत्र के प्रति लगन और समर्पण होना चाहिए कभी-कभी तो इसमें सम्पूर्ण जीवन लग जाता है।

अच्छे काम करने के बावजूद कोई मुझे प्रोत्साहित क्यों नहीं करता?

पत्री जी: हमें हमेशा स्वयं को प्रोत्साहित करना सीखना चाहिए। हम दूसरों के लिए नहीं, स्वयं के लिए काम करते हैं। यह तब सम्भव होता है जब हम अपने जीवन लक्ष्य के साथ जुड़ जाते हैं।

दर्द को अपनाने का सर्वोत्तम तरीका क्या है? कैसे हम अपने नकारात्मक विचारों को पहचान कर उनसे मुक्त हो सकते हैं या यह एक सामान्य मनोभाव है?

पत्री जी: ध्यान सर्वोत्तम औजार है जो पीड़ा के प्रति एक कवच है, इसे अपनाइये, समझिए और मूलत: अपने अंदर प्रविष्ट कीजिए, ताकि आप अपनी प्राकृतिक आंतरिक शक्ति को खुशी से बहता हुआ महसूस कर सकें।

पीड़ा अनिवार्य है, जब तक आप इस संसार में हैं पीड़ा किसी न किसी रूप में हमेशा रहेगी। इस यात्रा में प्रत्येक व्यक्ति का यह ही काम है कि इससे मित्रता कैसे की जाए क्योंकि पीड़ा आपको बहुत कुछ सिखा सकती है। मैं सोचता हूँ पीड़ा से मित्रता का एक ही उपाय है, पहले आप अपने को अनुशासित करें। आपकी ध्यान यात्रा ऐसी ही होनी चाहिए।

ध्यान आपकी आंतरिक ऊर्जा को बढाता है। शारीरिक व्यायाम से माँसपेशियां विकसित करनी चाहिए लेकिन आंतरिक ऊर्जा विकसित करने के लिए ध्यान करना होगा। ध्यान से मन को अनुशासित करना है। यह मन का अनुशासन है। हमें मन को अनुशासित करना चाहिए।

मन को अनुशासित कैसे करते हैं? ध्यान के द्वारा, मन को विचार मुक्त करके, बिना सोचे सिर्फ साँसों पर ध्यान करके आप मन को अनुशासित करते हैं। मन को अनुशासित करना चाहिए वर्ना मन इधर-उधर भटकता रहेगा। यह कहीं भी चला जाता है और चारों तरफ बिखरा रहता है। ध्यान यह सुनिश्चित कर देगा कि मन ऐसा न हो।

एक अनियंत्रित मन का विश्लेषण करने से कोई लाभ नहीं है। अनियंत्रित मन को नियंत्रित करना पड़ेगा। आनापानसति ध्यान के द्वारा अनियंत्रित मन नियंत्रित मन बन जाता है।

ध्यान का अर्थ बिना किसी विश्लेषण के जीना है। मैं जैसा हूँ वैसा हूँ, आप जैसे हो वैसे हो। मैं आपका कोई विश्लेषण नहीं करता। मैं स्वयं को जैसा हूँ वैसा ही स्वीकार करता हूँ।

मैं अपने अंदर एक बड़े बदलाव के दौर से गुजर रहा हूँ। मैं सोचता हूँ ब्रह्मांड मेरे लिए बहुत से प्रस्ताव और सम्भावनाएँ लाया है लेकिन मैं ही विरोध में हूँ और जूझ रहा हूँ। मुझे जानकारी है यह क्या चल रहा है। मुझे मालूम है मेरे जीवन में चीज़ें तेजी से बदल रही हैं लेकिन मैं हर समय संघर्ष कर रहा हूँ। मैं इसे स्वीकार नहीं कर रहा। मैं ब्रह्मांड के प्रति खुल नहीं

पा रहा तो मैं आपसे सिर्फ यही पूछना चाह रहा हूँ कि जो भी मेरे समक्ष आए मैं उसे कैसे खुल के आसानी से स्वीकार कर सकूँ?

पत्री जी: आप तैरना कैसे सीखते हैं? बस पानी में कूद जाइए। आपको पानी में कूदते हुए डर लगता है क्योंकि आप तैरना नहीं जानते। आपको तैरना सीखना है तो पानी में कूदना पड़ेगा। पहले कुछ पल आप साँस के लिए छटपटाएँगे लेकिन फिर आप काबू पा लेंगे। आप एक बहुत अच्छे तैराक बन जाएँगे। इसी तरह आप एक प्रबुद्ध गुरु बन जाएँगे। इसमें कुछ समय लग जाता है।

जो भविष्य आपकी तरफ आ रहा है उसे आपको स्वीकार करना चाहिए। मेरा भविष्य मेरी तरफ बढ़ रहा है, मुझे उसे स्वीकार करना होगा। मुझे नहीं पता मेरी तरफ क्या आ रहा है लेकिन मुझे खुले मन से स्वीकार करना होगा। यह विचारों का खुलापन ही आत्मज्ञान है।

मैं सोचता हूँ ध्यान मेरे जीवन में विशेषकर पिछले एक साल में सकारात्मक बदलाव लाया है जिसने मेरी कठिन परिस्थितियों से निपटने में बहुत सहायता की है। मैंने सोचा कि मैं इसमें ज्यादा नहीं जाऊँगा लेकिन मैंने यह पाया कि जब भी मैं ध्यान से हटा या रुक गया तो दुबारा शुरू करना ज्यादा कठिन है। कभी-कभी जब हालात और भावनाएँ मेरे काबू में नहीं होती या जब भी मैं मुश्किल हालातों से गुजर रहा होता हूँ तो मुझे यह अहसास होता है कि मुझे ध्यान शुरू कर देना चाहिए। मैं हमेशा भूल जाता हूँ, ऐसा क्या है जो ध्यान को मेरी दुनिया में वापिस ले आता है?

हाँ, मुझे पता है नियमित अनुशासन एवं दृढ़ निश्चय से मैं हर दिन ध्यान कर सकता हूँ और यह पहला कादम है कि आप ना रुकें। लेकिन फिर भी काश मेरे पास कोई ऐसा दिशा-निर्देश होता जिससे ध्यान मेरी दिनचर्या का हिस्सा बन जाता?

पत्री जी: देखिए ! मन को कभी भी ध्यान नहीं चाहिए। मन खलनायक है। हमारे भीतर एक खलनायक है, यह हमारा अपना मन है। हम अपने भीतर के खलनायक से लड़ रहे हैं। ध्यान एक नायक है। नायक और खलनायक के बीच घमासान जारी है। कभी तो खलनायक जीत जाता है और ध्यान रुक जाता है, कभी नायक जीत जाता है और ध्यान शुरू हो जाता है। यह नायक और खलनायक के बीच अनंत लड़ाई है। आत्मा हमेशा के लिए प्रसन्न है और अंत में हर फिल्म कि तरह जीत हमेशा नायक की होती है। नायिका नायक के साथ हमेशा खुश है। आत्मा हमेशा प्रसन्न है क्योंकि वह ध्यान के साथ जुड़ी है। आत्मा ध्यान करना चाहती है। आत्मा को ध्यान चाहिए लेकिन मन आत्मा पर आधिपत्य जमाना चाहता है।

आत्मा को मन नहीं चाहिए जैसे नायिका को खलनायक नहीं चाहिए। लेकिन खलनायक नायिका पर अधिकार कर लेता है। मन आत्मा को जकड़ लेता है और कैद में आत्मा बेचैनी महसूस करती है। नायिका को नायक चाहिए। आत्मा को हमेशा ध्यान चाहिए। मन खलनायक है, आत्मा नायिका है और ध्यान ही नायक है।

अभिव्यक्ति

विचार शक्ति से जुड़े सिद्धांत को साधारणतया देखें तो "मनुष्य जैसा सोचता है, वैसा हो जाता है।" "जैसी हमारी इच्छा, वैसी अभिव्यक्ति।" बाहरी अभिव्यक्ति हमारी आंतरिक इच्छा पर निर्भर करती है।

विचार कैसे अभिव्यक्त होते हैं?

पत्री जी: जो आप चाहेंगे, वह होगा .. जो आप नहीं चाहेंगे वह नहीं होगा। मैं नहीं चाहता जानवर मारे जाए और वह नहीं होगा। मैं चाहता हूँ ध्यान सब तक पहुँचे और वह होगा। मैं सब तरफ पिरमिड चाहता हूँ और ऐसा होगा। अगर आप कैंसर नही चाहते, तो आपके पास नहीं आएगा। आपको अपने मस्तिष्क में यह दृढ़ इच्छा रखनी चाहिए कि आपको क्या चाहिए और क्या नहीं चाहिए।

हम ध्यान द्वारा कैसे अपने विचारों को अभिव्यक्त कर सकते हैं?

पत्री जी: कोई निश्चित समय सीमा निर्धारित किये बिना ध्यान का अभ्यास करते रहें।

जीवन का उद्देश्य

हर व्यक्ति के जीवन का एक ही उद्देश्य है, सम्पूर्ण जीवन पूर्णतः शांति, आराम, जोश, करुणा, जागरूकता और पूरे ज्ञान के साथ जीना।

हर एक व्यक्ति का यह उद्देश्य होना चाहिए कि वह स्वयं को हर संभव आनंद, मनोरंजन और आत्मज्ञान के लिए तैयार करे। जीवन में किसी को भी कष्ट भोगने की जरूरत नहीं है।

किसी कार्य को पूर्ण करने के पश्चात उसके फल के प्रति किस प्रकार की अपेक्षाएँ रखनी चाहिए?

पत्री जी: हमें एक निर्धारित लक्ष्य और पूर्ण नतीजे के विचार के साथ अपना कार्य करना चाहिए। हमारे कार्य का सफलतापूर्वक परिणाम आना चाहिए। जब मैं एक पुस्तक का संशोधन कर रहा हूँ तो उसे कम से कम समय में पूरा करना चाहिए। जो कार्य मैं दो या तीन-दिन में कर सकता हूँ उसके लिए मैं तीन साल या तीन महीने का समय नहीं ले सकता। मैं यह सुनिश्चित करूँगा कि मैं इसको दस बार संशोधित करूँ क्योंकि पहली बार जब आप पुस्तक को देखेंगे तो आप सब गलतियों को ढूँढ नहीं पाएँगे। जब आप दूसरी बार देखेंगे तब कुछ और गलतियाँ दिखाई देंगी। आपको हर एक काम कई बार देखना पड़ेगा और मैं यही करता हूँ। जब मैं देख लेता हूँ कि यह कार्य बिलकुल ठीक से हो गया तो फिर मैं किसी दूसरे काम की ओर बढ़ जाता हूँ। कम से कम समय में कार्य पूर्ण करना ही लक्ष्य है।

जीवन का सच्चा उद्देश्य क्या है और उस पर कैसे केंद्रित रहा जाए?

पत्री जी: सच्चा उद्देश्य हमेशा दिल से स्वत: ही निकलता है। हर किसी की गतिविधि उसके केंद्र से उत्पन्न होती है। उदाहरण के लिए महात्मा गांधी जी के जीवन का उद्देश्य ध्यान, संगीत या क्रिकेट नहीं था, उनका उद्देश्य देश की स्वतंत्रता था। उन्होंने अपने जीवन का उद्देश्य जान लिया था। मदर टेरेसा के जीवन का उद्देश्य गरीबों की सेवा करना था और उन्होंने उसके लिए काम किया। उस्ताद बिस्मिल्ला खान के जीवन का उद्देश्य शहनाई वादन था, न कि देश की स्वतंत्रता, विधायक या सांसद बनना। इसलिए आपको अपने जीवन का उद्देश्य हमेशा अपने केंद्र से मिलेगा।

मेरे जीवन का उद्देश्य हर किसी को आत्मज्ञानी बनाना और उन्हें अपने जीवन के किसी विशेष उद्देश्य के प्रति स्पष्टता प्रदान करना है।

हम अपने जीवन का विशिष्ट उद्देश्य कैसे जान सकते हैं?

पत्री जी: हर कोई अपना उद्देश्य जानता है। एक माँ को अपना उद्देश्य पता है कि उसकी जिम्मेदारी बच्चे को पालना है। एक माँ को अपने बच्चे के सिवा कुछ और दिखाई नहीं देता, माँ सदैव अपने बच्चे की कुशलता के बारे में चिंतित रहती है, उसे कैसे पाला-पोसा जाए यही उसका उद्देश्य है।

एक माँ का उद्देश्य न तो संगीत है, न ही देश का कोई कार्य करना। माँ का उद्देश्य बच्चों की देखरेख करना है। एक माँ को अपना उद्देश्य कैसे पता चलता है? उसे स्वत: ही पता चल जाता है।

पशु जगत में ... या मानव जगत में ... हर माँ अपना यह उद्देश्य जानती है कि उसे अपने बच्चों की देखरेख करनी है ... अपने नवजात शिशु का खयाल रखना है ... तो माँ अपने बच्चों के प्रति पूर्णतया केंद्रित है। जब बच्चे बड़े हो जाएँ, माँ अपना ध्यान कहीं और केंद्रित कर लेती

है... वह कोई और उद्देश्य खोज लेती है क्योंकि बच्चे अब बड़े हो गए हैं और अब उन्हें व्यक्तिगत देखरेख की आवश्यकता नहीं है।

मैं इस बात को लेकर अस्पष्ट हूँ कि मेरे जीवन का उद्देश्य क्या है, कृपया स्पष्ट करें?

पत्री जी: अपने जीवन का उद्देश्य जानने से पहले थोड़ी व्याकुलता हो सकती है। जो सामान्य है, आपको खुद से परेशान होने की कोई जरूरत नहीं है। यह वह अवस्था है जब आपको अपना उद्देश्य नहीं पता ... शीघ्र ही आप उस अवस्था में आ जाएँगे जब आपको अपना उद्देश्य पता चल जाएगा और उस पर आप कार्य करेंगे और जीवन का उद्देश्य पूर्ण करेंगे।

क्या संतुष्ट हो जाना हमें आलस्य की तरफ ले जाता है?

पत्री जी: संतुष्टि ..संतुष्टि है, आलस्य .. आलस्य है। शब्दों को लेकर परेशान मत हों। संतुष्टि का अर्थ आलस्य नहीं और आलस्य का अर्थ संतुष्टि नहीं। आप किसी भी समय आलसी हो सकते हैं और किसी भी समय संतुष्ट हो सकते हैं। यह आपके चुनाव और दृष्टिकोण पर निर्भर करता है। अगर मैं प्रतिबद्ध हूँ कि सुबह 6 बजे मुझे उठना है तो मैं आलसी हो ही नहीं सकता। मैं यह सुनिश्चित करूँगा कि मैं 6 बजे उठ कर नहा के तैयार रहूँ तो फिर मैं आलसी नहीं हूँ। इसका यह मतलब कतई नहीं कि मैं अपने आप से संतुष्ट हो गया हूँ। संतुष्टि अलग है ... आलस्य अलग है। मैं चाहता हूँ सब लोग हमेशा संतुष्ट हों और आलसी कभी भी न हों।

व्यक्तिगत आवश्यकता और व्यक्तिगत कर्तव्य में क्या अंतर है?

पत्री जी: मानव आवश्यक रूप से दो चीज़ों का जोड़ है -छोटा व्यक्तिगत स्व और एक विशाल अव्यक्तिगत स्व, उसे अपने दोनों स्व की देखभाल करनी है। मनुष्य को अपना ख्याल रखने के लिए स्वार्थी भी होना है। उसके आनन्दमय अस्तित्व के लिए उसे अपनी छोटी-छोटी आवश्यकताएँ,

इच्छाएँ, दुर्लभ विलासिताएं भी पूरी करनी हैं, यह सब बहुत आवश्यक है। कुछ भी आसानी से उपलब्ध नहीं होता और अपनी व्यक्तिगत खुशी के लिए मनुष्य को परिश्रम करना चाहिए। उसे यह भी समझना चाहिए कि उसे अपने आसपास और दूसरों की व्यक्तिगत जरूरतें पूरी करने में भी मदद करनी है। यह सब व्यक्तिगत आवश्यकताओं की श्रेणी में आता है।

इन छोटी जिम्मेदारियों के अलावा कुछ बड़ी जिम्मेदारियों भी हैं। बड़ी जिम्मेदारियों का मतलब पूरी मानवता के लिए कुछ मूल्यवान योगदान करना। हर किसी को चाहिए कि वह किसी एक क्षेत्र में महारत हासिल करे। लोक कल्याण के लिए कला, हस्तकला, खेल, ज्ञान की किसी शाखा या फिर किसी भी क्षेत्र में निशुल्क सेवा दे।

मैं विभिन्न विकल्पों में अपने लिए कैसे चुनाव कर सकता हूँ?

पत्री जी: विकल्प हमेशा होते हैं। क्रिकेट में जब गेंदबाज गेंद फेंकता है, तब सामने दो विकल्प हैं, या तो आप रक्षात्मक खेलेंगे, नहीं तो गेंद को मारेंगे। आप अपना विकल्प मौके पर चुनेंगे। या तो आप छक्का मारेंगे या आप रक्षात्मक होंगे। तो आप क्या करोगे? विकल्प हमेशा हमारे द्वार पर हैं। जब हम ध्यान करते हैं, हमारा विकल्प स्पष्ट हो जाता, हमें कौन सा विकल्प चुनना है। हमारा सहज बोध, हमारी संवेदनाएं या हमारा दिल, किसी विकल्प विशेष को दृढ़ता से बता देता है। यह हमें अपने विशेष विकल्प में बिना डगमगाए आत्मविश्वास और साहस प्रदान करता है।

आपके जीवन को दिशा-निर्देश कौन प्रदान करता है?

पत्री जी: मैं अपने जीवन का स्वयं दिशा निर्देशक हूँ। मेरा जीवन वह है, जो मैं बनाऊँगा। आपका जीवन वह है, जो आप बनाएँगे। आप आपना जीवन पल-पल निर्मित करते हैं।

जीवन के सुंदर प्रवाह के साथ एक हो जाना, अपने नियंत्रित जीवन को छोड़कर आगे बढ़ना लोगों को मुश्किल क्यूँ लगता है, ?

पत्री जी: आपका दृष्टि ठीक नहीं है। हर कोई अपने जीवन प्रवाह में बह रहा है। हर व्यक्ति अपने दृष्टिकोण से सही है और आनंद में है। हर कोई सीख रहा है। हमें यह अहसास होना चाहिए कि हर आत्मा एक अलग स्तर पर सीख रही है। जाने या अनजाने, अपनी इच्छानुसार अपनी प्रगति के लिए अपने-अपने स्तर पर सब समर्पित हैं।

क्या व्यक्ति के लिए खेल-कूद भी आवश्यक है?

पत्री जी: संगीत, नृत्य, खेलकूद, प्रतियोगिताएँ सब उतने ही आवश्यक है जितना ध्यान या स्व-ज्ञान।

सेवा

जब आप शाकाहारी बन जाते हैं तो आप अपने लिए नए नकारात्मक या बुरे कर्म करना बंद कर देते हैं। जब आप ध्यान करते हैं तो आप पुराने कर्मों का प्रक्षालन करते हैं। जब आप दूसरों की सेवा करते हैं-वनस्पति-जगत, पशु-जगत और मानव-जगत तो आपके बुरे कर्म जल्दी खत्म हो जाते हैं।

ध्यान एक अंतहीन आनंद है। ध्यान का प्रचार एक अंतहीन कार्य है।

हम सभी हमेशा के लिए जवान रहना चाहते हैं। युवा रहने का रहस्य वर्तमान पल और खुश रहने में है। यौवन का रहस्य एक परिपक्व, आध्यात्मिक मन में है। यौवन का रहस्य सेवाभावी आत्मा होने में है।

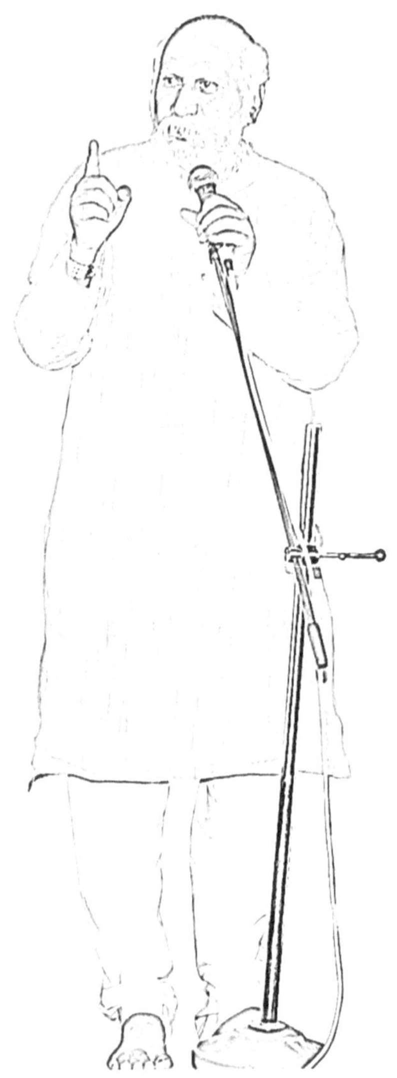

क्या सेवा सामाजिक या आध्यात्मिक किसी भी प्रकार की हो सकती है?

पत्री जी: हाँ ! किसी भी तरह की सेवा, चाहे वह सामाजिक हो या आध्यात्मिक, सहस्रार (sahasrara) चक्र से सम्बंधित है। सब पिरमिड मास्टर सहस्रार स्तिथि में हैं।

दूसरों की सहायता करने से हमारी सहायता किस प्रकार हो जाती है?

पत्री जी: अगर मैं आपकी मदद करूँ तो कभी न कभी आप भी मेरी मदद करेंगे, ठीक ! अगर मैं आपकी सहायता न करूँ तो आप मेरी सहायता नहीं करेंगे। मैं बहुत कृतज्ञ हूँ कि मेरी सहायता के लिए इतने लोग हैं। वह सब किसी न किसी प्रकार मेरी सहायता करने के लिए उत्सुक हैं। कोई मेरे पैर दबा रहा है, कोई मेरी फोटो खींच रहा है, कोई इस अनुभव को रिकॉर्ड कर रहा, कोई धन दे रहा है। यद्यपि मुझे महसूस होता है कि मैं लोगों की सहायता करने में उतना महान नहीं हूँ फिर भी लोग मेरी सहायता करते हैं। यह सब आदान-प्रदान का प्रतिफल है।

हम मानवता की सहायता कैसे कर सकते हैं?

पत्री जी: हमें हर एक व्यक्ति को ध्यान सिखाना चाहिए। जिस प्रकार चारों तरफ अराजकता फैली है उन्हें यह महसूस होगा कि वह नर्क में है क्यूंकि उनके पास ध्यान द्वारा अर्जित ऊर्जा नहीं है।

क्या करुणा करना दूसरों की सहायता करना है?

पत्री जी: करुणा अर्थात दूसरों की सहायता के किए उत्सुक रहना है। मदद के लिए इच्छुक और उत्सुक होना है। मैं दूसरों से अपने लिए जो करने की अपेक्षा रखता हूँ, मुझे भी दूसरों के लिए वह सब करना चाहिए।

सवाल

हर चीज़ को लेकर प्रत्येक मनुष्य को सवाल पूछना चाहिए। सवालों की प्रक्रिया से प्रयोग प्रक्रिया, सहमति प्रक्रिया, खोज प्रक्रिया और फिर विकास प्रक्रिया आएगी।

मेरे पास सवाल बहुत हैं लेकिन मुझे यकीन नहीं मैं कौन सा सवाल पूछूँ और कौन सा न पूछूँ?

पत्री जी: सवाल पूछने और जवाब पाने के लिए बुद्धि की आवश्यकता है। मैं सभी प्रश्नों को आदर सहित लेता हूँ और सबका उत्तर देता हूँ। एक प्रश्न के लिए आपको सैंकड़ों अलग-अलग उत्तर मिल सकते हैं इसीलिए मेरे सब प्रश्न-उत्तर के सत्र बहुत महत्वपूर्ण और प्रबुद्धता से भरपूर होते हैं।

प्रश्न पूछना इतना महत्वपूर्ण क्यूँ है?

पत्री जी: प्रश्न-उत्तर के सत्र हमेशा बहुत महत्वपूर्ण होते हैं। एक प्रश्न मतलब की एक खोज ... सत्य की तलाश ... सत्य का कोई एक पहलू नहीं है। सत्य विभिन्न पहलुओं और विभिन्न कोणों से दिखाई पड़ता है।

हमें किस तरह के प्रश्न पूछने चाहिए?

पत्री जी: प्रश्न और उत्तर एक दिशात्मक तरीका है। हर प्रश्न एक खूबसूरत उत्तर देता है। हमें प्रश्न चाहिए ताकि उत्तर मिले। किसी भी प्रकार के प्रश्न का स्वागत है और हर प्रकार के उत्तर का भी स्वागत है। हम इसी तरह विकसित होते हैं।

हमें स्वयं से किस प्रकार के प्रश्न पूछने चाहिए?

पत्री जी: खुद से पूछने के लिए केवल एक प्रश्न है "क्या मैं कबीर के जैसे बनना चाहता हूँ?" "क्या मैं बुद्ध के जैसे बनना चाहता हूँ?" इन प्रश्नों के उत्तर स्पष्ट होने चाहिए–हाँ या ना!

मुझे अपने सब प्रश्नों के उत्तर कैसे मिलेंगे?

पत्री जी: आपके इन सब प्रश्नों के उत्तर आपके भीतर हैं। इन सबके उत्तर के लिए आपको अपने भीतर जाना होगा। अपने भीतर जाने का केवल एक ही उपाय है – ध्यान।

परवरिश

सचेतन परवरिश की माँग है गहन आध्यात्मिकता। अगर माता-पिता आध्यात्मिक नहीं हैं तो परवरिश भी अचेतन होगी।

क्या हम अपने माता-पिता या दादा-दादी के अचेतन मन से विचार लेते हैं? क्या यही कारण है कि हम अपने माता-पिता की कुछ विशेषताओं का अनुसरण करते हैं?

पत्री जी: सिवाय भौतिक शरीर के माता-पिता से कुछ नहीं मिलता। आपका मन आपका है, यह आपके अतीत काल से आता है। आपके अतीत काल ने आपका वर्तमान काल का मन निर्मित किया है। यह आपके माता-पिता या दादा-दादी से नहीं मिला। यह आपके पूर्व जन्म से आई आध्यात्मिक अनुवांशिकता है जो आपको वर्तमान जीवनकाल से भविष्य जीवनकाल की ओर ले जा रही है। आपका वर्तमान मन आपके भविष्य मन की ओर ले जा रहा है। आपका अतीत मन आपको वर्तमान मन तक लाया है तो माता-पिता या दादा-दादी से कुछ नहीं मिलता। यह सब भूल जाएँ।

माता-पिता होने के नाते हमें अपने बच्चे के साथ नरमी और सख्ती दोनों से पेश आना पड़ता है। क्या यह ठीक है? कभी-कभी मेरा बच्चा सोचता है कि मैं बहुत क्रूर हूँ?

पत्री जी: हाँ ! आपको सख्त और नरम दोनों होना चाहिए। प्यार में सजा भी शामिल है। यह ठीक है। संतुलन बनाए रखने के लिए ज्यादा तत्पर न हों। आप अपने रास्ते पर चलिए और संतुलन का इंतजार करिए। दूसरे को बढ़ने दें, संतुलन अपने आप हो जाएगा। बच्चे को भी आपको समझने में समय लगता है। आध्यात्मिकता में हम स्वयं को और दूसरों को समय देना सीखते हैं। यह अत्यंत आवश्यक है। आखिरकार आपका बच्चा आपको समझ लेगा।

हम माता-पिता और बच्चों की समस्याओं को कैसे सुलझा और सुधार सकते हैं?

पत्री जी: माता-पिता और बच्चे हमारे समाज के स्तंभ है। माता-पिता की अपनी समस्याएँ है और उनकी समस्याएँ ही उनके बच्चों के जीवन में झलकती हैं। बच्चों की अपनी कोई समस्या नहीं है। माता-पिता को अपनी समस्याएँ ध्यान द्वारा ही हल करनी हैं।

अगर कोई बच्चा अति सक्रिय है तो क्या वह अपने माता-पिता की समस्याओं को दर्शाते हैं?

पत्री जी: हाँ ! निश्चित रूप से वह अपने माता-पिता समस्याओं को दर्शाते हैं। बच्चे कच्ची मिट्टी हैं और माता-पिता उन्हें आकार देते हैं। यदि माता-पिता प्रबुद्ध नहीं हैं तो वह बच्चों का उत्तम पालन पोषण नही कर सकेंगे। बच्चों का उचित पालन पोषण करने के लिए हर माता-पिता को प्रबुद्ध होना है। बच्चों की समस्याएँ दरअसल माता-पिता की समस्याएँ हैं। मेरा यह कहना है कि माता-पिता को सुधरना है न कि बच्चों को। मैंने बहुत से अति सक्रिय बच्चों को देखा है और इसमें कुछ गलत नहीं है।

मैं समझता हूँ, अगर मुझे बच्चों के अंदर कुछ बेहतर परिणाम चाहिए तो पहले मुझे स्वयं पर कार्य करना होगा लेकिन मैं कहाँ से शुरू करूँ?

पत्री जी: सब कुछ ध्यान से शुरू होता है। माता-पिता को पहले ध्यान में दक्षता हासिल करनी चाहिए। उन्हें आध्यात्मिक विज्ञान का प्रशिक्षण लेना चाहिए। असल में मेरा तो यह सुझाव है कि आप शादी भी ध्यान में प्रशिक्षण पाने के बाद ही करें।

शादी करने और बच्चे पैदा करने से पहले, ध्यान सीखना इतना आवश्यक क्यों है?

पत्री जी: ध्यान सबसे ज्यादा आवश्यक है। उदाहरण के लिए शास्त्रीय संगीत ले। अगर आप की आवाज प्राकृतिक तौर पर मधुर है, तब भी आपको विकसित होने के लिए सालों प्रशिक्षण की आवश्यकता है और तब आप लता मंगेशकर या आशा भोंसले की तरह एक पेशेवर संगीतज्ञ बन सकते हैं। इसी प्रकार, जब तक आप ध्यान में प्रशिक्षित नहीं होते, तब तक आप ठीक से सोच नहीं सकते। जिस प्रकार शास्त्रीय संगीत के प्रशिक्षण से आप अच्छा गा सकते हैं, ध्यान के प्रशिक्षण से आप अच्छा सोच सकते हैं, अच्छा बोल सकते हैं और अच्छा कर सकते हैं।

मानव कौन है? मानव एक सोच, शब्द और कर्म है। जब आप ध्यानी नहीं हैं तो आपकी सब सोच, शब्द और कर्म अराजकता की स्थिति में है। जब माता-पिता की सोच, शब्द और कर्म अराजक होंगे तो वह बच्चों को ऐसे ही डांटेंगे। यह सब नकारात्मक कृत्य माता-पिता की प्रबुद्धता के अभाव में आते हैं। इस पृथ्वी पर किसी बच्चे को लेकर कोई समस्या नहीं है। हर बच्चा एक खूबसूरत फूल है ... एक प्यारा जीव ... एक भगवान है। माता-पिता एक बड़ी चुनौती हैं। बच्चों के साथ उनके अत्याधिक लगाव की वजह से वह उन्हें ज्यादा खिला-पिलाकर या ज्यादा पाबंदियाँ लगाकर उन्हें बिगाड़ देते हैं।

असली माता-पिता कौन हैं?

पत्री जी: कोई माता-पिता असली नहीं हैं जब तक वह ध्यान न सीख लें। ध्यान उनके सम्पूर्ण अस्तित्व को प्रशिक्षण प्रदान करता है।

कुशलता

जैसे ही हम ध्यान में निपुणता प्राप्त कर लेते हैं, जीवन निरंतर आनंद और एक उत्सव बन जाता है। सब बीमारी गायब हो जाती है। आप अपने आसपास के लोगों के लिए एक स्वाभाविक मुखिया बन जाते हैं। हम हर प्राणी मात्र के मित्र बन जाते हैं।

मैं अपनी सुनने की कला को कैसे विकसित कर सकता हूँ?

पत्री जी: आप यहाँ मेरे जवाब को गहराई से सुनने के लिए हैं प्रतिक्रिया देने के लिए नहीं क्योंकि आपने सवाल पूछा है तो मैं गहराई से जवाब दे रहा हूँ। आपको गहराई से मेरा एक-एक शब्द सुनना चाहिए। गहराई से हर किसी को सुनने के लिए अपने कानों का इस्तेमाल कीजिए। अपने मुँह का इस्तेमाल कम और कानों का अधिक करें। सीखने का यही तरीका हमें एक अच्छा श्रोता बनने में सहायता कर सकता है। ध्यान हमें एक उत्तम श्रोता बनाता है।

हम अपनी इच्छा शक्ति को कैसे बड़ा सकते हैं?

पत्री जी: कोई भी कार्य जिसमें कठोर अनुशासन की आवश्यकता हो, आपकी इच्छा शक्ति को बड़ा देता है। यह एक रहस्य भी है और विज्ञान भी। जब आप पूरी तरह समर्पित होकर अपना काम करेंगे, स्वाभाविक तौर पर आपकी इच्छा शक्ति में स्वतः ही सुधार आ जाएगा। अपनी इच्छा शक्ति प्रबल होने से आप कुछ भी प्राप्त कर सकते हैं।

एक संतुलित व्यक्ति कैसे बन सकते हैं?

पत्री जी: संतुलन एक बुद्धिमान व्यक्ति के लिए है, मूर्ख व्यक्ति के किए कदापि नहीं। लगातार ध्यान और ज्ञान से जो भी कार्य होगा संतुलित ही होगा।

मुझे ज्ञान प्राप्ति की तीव्र प्यास है लेकिन यह मुझे ज्ञान कहाँ से प्राप्त होगा?

पत्री जी: अपने दिमाग को हमेशा खुला रखें, कभी भी संकुचित न रखें। हमेशा ज्ञान प्राप्ति के लिए खुले रहें। ज्ञान आपको किसी भी व्यक्ति, किसी भी समय, किसी घटना, पुस्तक या किसी भी परिस्थिति से मिल सकता है। आपका मन खुला और कुछ पाने योग्य स्थिति में होना चाहिए फिर आपको वह सब मिलेगा जो आपको चाहिए।

हम उपयोगी कैसे बन सकते हैं?

पत्री जी: हमें आलसी नहीं होना चाहिए। कभी भी चीज़ों को कल पर ना टालें। अपने हर काम को समय से करें। अगर कोई काम कल करना है, बेहतर होगा आप आज ही करें और कोई काम आज करना है तो उसे अभी करें। कल पर कुछ ना छोड़ें। एक क्षण भी बेकार न करें। यही आपका मंत्र है, अभी करो!

सम्बंध

कर्म सिद्धांत कहता है कि जो आप दूसरों के साथ करेंगे वही आपके साथ होगा। जो आप दूसरों को देंगे, वह आप स्वयं को ही देंगे। जो आप दूसरों के लिए निर्मित करेंगे वह आप स्वयं के लिए निर्मित करेंगे।

आप हिंसा देंगे तो हिंसा पाएँगे।

आप स्नेह देंगे तो स्नेह पाएँगे।

आप मित्रता देंगे तो खूब मित्रता पाएँगे।

आत्म बंधु क्या हैं?

पत्री जी: जब आप प्रबुद्ध हो जाते हैं तो आप जान जाते हैं कि आप मात्र शरीर नहीं हैं। आप को यह अहसास हो जाता है कि आप एक आत्मा हैं और यही आत्मा हर जगह उपस्थित है। आप यह महसूस करते हो कि यह आत्मतत्व चारों तरफ मौजूद है और आप पूरे ब्रह्मांड से जुड़े हो। पूरी दुनिया में हर चीज़ जुडी है, हर कोई आपका आत्मबंधु है। यही वह समय है जब आप आत्मसम्बंध बनाते हो और यह समझते हो कि सबके अंदर यही आत्मतत्व है।

हम अपने आत्ममित्र कैसे चुनते हैं?

पत्री जी: जो आपसे उच्च ज्ञान के माध्यम से जुड़ा है कि "हम शरीर नहीं आत्मा हैं" वह आपका आत्ममित्र है। आप यह कैसे जानते हैं? जब आप स्कूल में थे तब आप सिर्फ एक बेंच साझा करके बेंच मित्र बन जाते थे। आप उनके मित्र इसलिए बन जाते थे क्योंकि आप उनके साथ रोज उठते बैठते थे। इसी तरह आप कक्षा और विद्यालय के साथियों

को अपने मित्र बना लेते थे। ठीक इसी तरह आप सब प्रबुद्ध लोगों के आत्ममित्र बन जाते हैं क्योंकि जो भी प्रबुद्ध है उसे पता है कि वह आत्मा है, सिर्फ शरीर नहीं।

हम अपने आत्ममित्र और आत्मिक-बंधुओं की कब तलाश करते हैं?

पत्री जीः मेरा भाई और मैं शारीरिक सम्बन्धी हैं मतलब कि हम एक परिवार के हैं लेकिन आत्ममित्र नहीं हैं क्योंकि वह आत्मा में विश्वास नहीं करता। वह सोचता है कि वह सिर्फ एक शरीर है। चाहे हम सब भाई-बहन एक ही माता-पिता से आये हैं लेकिन हम आत्ममित्र नहीं हैं। आप और मैं आत्ममित्र हैं। जब आप यह महसूस करना शुरू कर देंगे कि आप एक आत्मा हैं, आप अपने आत्म मित्रों की तलाश शुरू कर देंगे क्योंकि आपको उनकी संगत चाहिए जो आपकी प्रबुद्धता की स्थिति को समझ सकें।

अगर मेरा परिवार मेरे शाकाहारी और ध्यानी होने के विरुद्ध है तो मैं अपने परिवार से कैसा व्यवहार करूँ?

पत्री जीः परिवारों में स्वाभाविक ही विपरीत जाने की मानसिकता है। हम यहाँ किसी को मनाने के लिए नहीं आए हैं। वास्तव में हम ऐसे लोगों से सम्बंधित नहीं हो सकते। हमें उनके प्रति उपेक्षा रखनी होगी। हम उनके साथ नहीं चल सकते क्योंकि वह हमारे दर्शनशास्त्र के विरुद्ध है। इसलिए ऐसी स्थिति में मौन का अभ्यास करें।

कुछ माता-पिता अपने बच्चों को ध्यान करने या शाकाहारी होने की इजाजत नहीं देते। ऐसे माता पिता के लिए आपका क्या संदेश है?

पत्री जीः मैं ऐसे नौजवानों को यही कहूँगा वह अपने माता-पिता को छोड़ दें। किसी को भी अपने माता-पिता के साथ बँधे रहने की जरूरत

नहीं है। अगर आप बच्चे है तो कोई रास्ता नहीं क्योंकि आप उनके संरक्षण में है। एक बार आप वयस्क हो गए तो फिर आप उनकी छत्रछाया में नहीं हैं। अगर आप के सिद्धांत दाँव पर लगे हों तो आपको उनकी बातें सुनने की कोई आवश्यकता नहीं है। प्रहलाद ने अपने पिता की बात नहीं सुनी जबकि वह एक बच्चा था और वयस्क होने के बाद भी नहीं सुनी। पिता अपने पुत्र को मारना चाहता था। आपको प्रहलाद से यह सबक सीखना चाहिए-जहाँ हिरण्यकश्यप जैसे माँ-बाप हो वहाँ आप प्रहलाद जैसे बनो लेकिन अगर माता-पिता बुद्ध जैसे हों तब आप उनका अनुसरण करें।

क्या हम सिर्फ अपनी सुविधा के लिए रिश्ते में बंधते हैं या वास्तव में हमें उसकी जरूरत होती है? क्या हम सबके साथ एक मित्र की तरह नहीं रह सकते?

पत्री जी: यह इस बात पर निर्भर करेगा कि आप अपनी आत्म की यात्रा के किस पड़ाव पर हैं। यदि आप अपनी आत्मयात्रा के पहले आधे हिस्से में हैं तो आपको संबंधों की आवश्यकता है। यदि आप दूसरे आधे हिस्से में हैं, तब आपको सच में अंतरंग सम्बन्धों की कोई आवश्यकता नहीं है।

जो लोग हमें कष्ट देते हैं उनके प्रति हमें कैसा व्यवहार रखना चाहिए?

पत्री जी: हमें हमेशा उन सब लोगों के कल्याण की कामना करनी चाहिए जिन्होंने हमें कष्ट दिया है क्यूंकि ऐसा उन्होंने अज्ञानवश किया है।

पिरामिड

आज का युग पिरामिड का युग है। यदि हम ध्यान में दूसरे ग्रहों का भ्रमण करते हैं और वहां की सभ्यता और समुदायों को देखते हैं तो हम हर जगह पिरामिड देखेंगे।

पिरामिड स्थायित्व का प्रतीक है। पिरामिड धर्मनिरपेक्षता का प्रतीक है। पिरामिड आध्यात्मिक विज्ञान का प्रतीक है। पिरामिड ध्यान का प्रतीक है। पिरामिड एक महान नए युग का प्रतीक है।

पिरामिड एक साँझा ऊर्जा कोड है जो सब ग्रहों की सभ्यताओं को जोड़ता है।

पिरामिड हर जीव के लिए ऊर्जा प्रदान करता है। सब आत्माओं के लिए पिरामिड एक अच्छे मित्र की तरह है।

पिरामिड एक आवर्धक लेंस की तरह है। सूर्य की किरणें चारों तरफ है लेकिन इन सूर्य की किरणों को आवर्धक लेंस की सहायता से केंद्रित करेंगे तो वह वहाँ रखे कागज को भी जला देंगी। यदि सूर्य की किरणें को केंद्रित न करें तो कागज को कुछ नहीं होगा। इसी तरह ब्रह्मांडीय ऊर्जा भी सब तरफ है। ब्रह्मांडीय ऊर्जा का आधार ब्रह्मांडीय चेतना है। शारीरिक आणविक ऊर्जा का आधार भी ब्रह्मांडीय ऊर्जा है। यह ब्रह्मांडीय ऊर्जा चारों तरफ है। पिरामिड इस ब्रह्मांडीय ऊर्जा को केंद्रित करने का उपकरण है।

मुझे पिरामिड वैली से बाहर इस तरह की ऊर्जा का अनुभव नहीं मिला। ऐसा क्यों है?

पत्री जीः यह ऊर्जा सब जगह मिल पाना सम्भव नहीं है। पिरामिड वैली को ऊर्जा के लिए निर्मित किया गया है। आप यहाँ कभी भी आ सकते हैं और स्वयं को ऊर्जावान कर सकते हैं।

आपने अपने एक लेखन में कहा है, कि पिरामिड दूसरे ग्रहों से सम्पर्क जोड़ने का माध्यम है। यह पिरामिड क्या काम करते हैं? क्या यह कोई समय के पार या अन्य आयामों में जाने का प्रवेश द्वार है?

पत्री जीः पिरामिड समय का द्वार है, पिरामिड दूसरे आयामों में जाने का द्वार है और ऊर्जा का भी द्वार है। जिस प्रकार आप धरती पर भ्रमण के लिए हवाई अड्डे जाते हैं, उसी प्रकार दूसरे ग्रहों में यात्रा के लिए

पिरामिड में जाते हैं। पिरामिड के अंदर एकत्रित ऊर्जा आपकी मदद करेगी। यह एक ऊर्जा तंत्र है, पिरामिड पूरे ब्रह्मांड में ऊर्जा ग्रिड है।

जब हम एक नया पिरामिड बनाते हैं तो क्या होता है?

पत्री जी: जब भी हम एक नया पिरामिड बनाते हैं तो वह एक बड़े ऊर्जा ग्रिड से जुड़ जाता है। जब गीज़ा पिरामिड का निर्माण किया गया तो इस पिरामिड ने पृथ्वी की ऊर्जा को अन्य नक्षत्रों के ऊर्जा तंत्र से जोड़ दिया।

मैंने सुना है कि पिरामिड के इस्तेमाल से हम दीर्घायु को प्राप्त कर सकते हैं। इसके बारे में कुछ बताइए?

पत्री जी: वाह! वाह! वाह! यह सच है। पिरामिड कई तरह से हमारी सहायता करते हैं। पिरामिड में कुछ अतिरिक्त ऊर्जा होती है। यह ऊर्जा शरीर की कुछ गतिविधियों को बेहतर करने में उत्प्रेरक का काम करती है। उम्र बढ़ना घटने लगता है। पिरामिड से सकारात्मक ऊर्जा बढ़ने और नकारात्मक ऊर्जा घटने लगती है। यह दुनिया के लिए एक अद्भुत उपहार है।

पिरामिड के पीछे का असली विज्ञान क्या है? इनका आध्यात्मिकता से क्या सम्बंध है?

पत्री जी: असममित ढाँचे से किसी ज्यामितीय सममित (geometrical symmetry) ढाँचे में अधिक अंतर्निहित ऊर्जा होती है और पिरामिड सबसे सममित ढाँचा है इसलिए यह सर्वाधिक ऊर्जा का स्रोत है। यह ऊर्जा दोनों भौतिक जगत और आध्यात्मिक कार्यों के लिए उपयोगी है। PSSM में हम विशेषकर आध्यात्मिक उन्नति के लिए इसका लाभ उठा रहे हैं।

क्या पिरामिड विज्ञान हमें मिस्र ईजिप्ट से मिला है?

नहीं ! यह विज्ञान नक्षत्र प्रणाली से मिला है।

क्या मिस्र में पहला पिरामिड बना था?

पत्री जी: नहीं ! पृथ्वी पर मिस्र से पहले भी बहुत से पिरामिड थे लेकिन वह बदल या नष्ट कर दिए गए या विभिन्न प्राकृतिक बदलावों में दब गए।

आपके अनुसार मिस्र से पहले कितने पिरामिड बनाए गए थे?

पत्री जी: चीन में 5000 पिरामिड है जो कि पहाड़ों में दब गए हैं। यह पिरामिड अगर बाहर आ जाएं तो क्रमानुगत उन्नति (evolution) प्राकृतिक रूप से ही घटित हो जाएगी।

पृथ्वी के आयाम के लिए सर्वोत्तम ज्यामितीय आकार कौन सा है जो सर्वाधिक ऊर्जा प्रदान करता है?

ऊर्जा गतिमान होती है और सब कुछ ऊर्जा है। ऊर्जा अलग-अलग दिशाओं में अलग-अलग तरीकों से बहती है। पृथ्वी के गुरुत्वाकर्षण ढाँचे के मुताबिक जहाँ पिरामिड का कोण 51* 52' हो वहाँ ऊर्जा आसानी से नष्ट (dissipated) नहीं होती।

क्या पिरामिड सिर्फ धरती पर पाए जाते हैं?

पत्री जी: पृथ्वी के आयाम के अनुसार पिरामिड के लिए

51* 52' कोण ठीक है। अलग-अलग ग्रहों के लिए अलग कोण हैं। अगर आप अन्य नक्षत्रों में जाएँगे तो आप सब जगह पिरामिड पाएँगे लेकिन सबका कोण अलग होगा।

स्वास्थ्य और कल्याण

स्वास्थ्य सम्पदा है, मित्रता सम्पदा है, सम्पत्ति सम्पदा नहीं है।

हमें समय-समय पर अपनी मान्यताओं को जाँचना चाहिए। हमारी मान्यताएँ ही हमारे शरीर की सेहत को प्रभावित करती हैं। हमारी मान्यताएँ ही हमारे मन और जीवन पर राज करती हैं। हमारी मान्यताओं का सत्य के साथ तालमेल होना चाहिए।

क्या उपवास सेहत के लिए अच्छा है?

पत्री जी: हाँ! उपवास करना अच्छा है। यह आपकी इच्छा शक्ति बढ़ाता है। इस बड़ी हुई इच्छा शक्ति से कुछ भी किया जा सकता है। एक बार मैंने 15-दिन उपवास रखा जिसके दौरान मैंने सिर्फ जल ग्रहण किया।

क्या उपवास का पालन करना आवश्यक है?

पत्री जी: उपवास निहायत आवश्यक है। यह सब के लिए अपने आत्म-अनुशासन को उपयोग में लाने का एक लाभदायक व्यायाम है। उपवास हमारी इच्छा शक्ति को बढ़ाता है।

क्या उपवास हमारे शरीर को स्वस्थ बनाएगा?

पत्री जी: उपवास अत्याधिक आवश्यक है। जब आप उपवास करेंगे तो शरीर अवश्य ठीक होगा। उपवास से पूरा शरीर पुन: निर्मित हो जाता है। इससे शरीर को खुद को ठीक करने का काफी समय मिल जाता है। यह एक तरह से शरीर को पूरा आराम देने जैसा है। जैसे शरीर को छुट्टी मिल गई है और शरीर अपने पर केंद्रित होकर स्वत: ही ठीक होने लग जाता है।

कितनी तरह के उपवास होते हैं?

पत्री जी: उपवास तीन तरह के होते हैं,

1. पेट के लिए उपवास
2. मुँह के लिए उपवास
3. मन के लिए उपवास

उपवास के लिए एक आदर्श आवृत्ति क्या होनी चाहिए, जो हम अपना सकें?

पत्री जी: हर व्यक्ति को सप्ताह में एक दिन उपवास करना चाहिए जैसे कि महात्मा गांधी जी करते थे। वह सप्ताह में एक दिन उपवास और एक दिन मौन व्रत करते थे। उन्होंने उम्र भर हर सोमवार इसका अनुसरण किया। हमें भी इस तरह का दृढ़ अभ्यास करना चाहिए। हमें महात्मा गांधी जी से सीखना चाहिए।

हम खुद को युवा कैसे रख सकते हैं?

पत्री जी: हमें रोज खाने की जरूरत नहीं है। हमें रोज बोलने की जरूरत नहीं है। हमें रोज सोचने की जरूरत नहीं है। मन, शरीर और मुँह के लिए कोई काम नहीं। अपने मन और शरीर के लिए छुट्टी की घोषणा कर दीजिए। सप्ताह में छह दिन के लिए मन काम कर रहा है, शरीर काम कर रहा है, मुँह काम कर रहा है और आँखें काम कर रही हैं। इन सब प्रणालियों को एक दिन आराम दीजिए। वह एक दिन इन्हें युवा रखने की अनुमति देगा। बाकी के 6-दिन किया गया काम कहीं ज्यादा फलदायक और उत्पादक होगा। यह अभ्यास सबके लिए जरूरी होना चाहिए। सप्ताह में एक दिन के लिए पृथ्वी पर पूर्णतया शांति, सभी मानव, जानवरों और पेड़-पौधों की तरह मौन रहें ..कोई आवाज नहीं।

क्या गर्भवती महिलाओं के लिए आप के पास कोई सुझाव है? गर्भधारण की अवधि में उन्हें क्या करना चाहिए?

पत्री जी: गर्भधारण की अवधि के दौरान या फिर वैसे भी सत्य एक ही है ... ध्यान एक ही है। गर्भवती महिलाओं के लिए कोई विशेष निर्देश नहीं है।

हर किसी को हर समय ध्यान करना चाहिए, हर किसी को अच्छा संगीत सुनना चाहिए, हर किसी को ठीक से खाना चाहिए। यह बातें सबके लिए समान है, चाहे कोई गर्भवती है या नहीं? आपको हर समय और अधिक ध्यान करना है, मरते दम तक। सबको हर परिस्थिति में सत्य का पालन करना है और वह सत्य क्या है? ध्यानी बनो! शाकाहारी बनो! संगीत सुनो! पुस्तकें पढ़ो ! दूसरे गुरुओं से मेलजोल रखो ! यह सब सार्वभौमिक सिद्धांत हैं।

क्या आत्मज्ञानी होने के बाद भी हमारे शरीर में रक्तचाप, मधुमेह इत्यादि हो सकता है?

पत्री जी: हाँ ! सब बीमारियां दो ही स्रोत से आती हैं–

1. अपने पूर्व जन्मो में किए गए कर्मों से

2. अपनी निजी इच्छा से, जैसे कोई मास्टर दूसरों को यह दिखाने के लिए बीमारी के साथ रहने का चुनाव सकता है, कि आत्मज्ञानी होकर भी बीमारी के साथ खुशी से जीवन बिता सकते हैं।

चमत्कार

चमत्कार के पीछे एक ही विज्ञान है-ध्यान।

क्या चमत्कार होते हैं?

पत्री जी: सब कुछ सिर्फ चमत्कार ही नहीं है, यह आपको समझना होगा। इन सब चीज़ों के पीछे विज्ञान है। जब चीज़ें घट रही होती हैं उस समय हम यह नहीं समझ सकते। एक बार आत्मज्ञानी हो जाएं तो जो भी हमारे जीवन में घटा है और अभी घट रहा है, हम हर चीज़ के पीछे का कारण समझ जाते हैं।

कुछ लोगों के जीवन में बहुत चमत्कार होते हैं, वह कैसे हो जाते हैं?

पत्री जी: इन सब चमत्कारों के पीछे ध्यान ही एक मात्र विज्ञान है। दृश्य और अदृश्य मिलकर इन्हें सह-निर्मित करते हैं।

शाकाहार

नवयुग के आध्यात्मिक विज्ञान का यह मौलिक सिद्धांत है कि हमें प्रतिदिन ध्यान करना और शाकाहार को अपनाना चाहिए।

सभी के लिए आपका क्या सन्देश है?

पत्री जी: हर व्यक्ति को शाकाहारी होना चाहिए। समृद्धि और शांति में एक मात्र रुकावट मांसाहारी भोजन ही है।

जहाँ भी शाकाहार है, वहाँ समृद्धि और शांति है। जहाँ भी मांसाहार है, वहाँ कश्मकश और प्रतिगमन है क्योंकि आपने हिंसा की है। आपको जानवरों को मारने का कोई अधिकार नहीं है। शाकाहारी हो जाइए और सब कुछ अच्छा अपने आप आपके पीछे आएगा।

आपने शाकाहार को प्रोत्साहित करने का फैसला क्यों लिया है?

पत्री जी: मेरा पृथ्वी पर आने का यह मुख्य प्रयोजन है। मैं अहिंसा के लिए आया हूँ। अहिंसा मतलब जानवरों के प्रति हिंसा को रोकना, और मैं पृथ्वी पर इसी शरीर में तब तक रहूँगा जब तक इस ग्रह पर आखरी व्यक्ति शाकाहारी नहीं हो जाता। इसके लिए मैं स्वयं प्रतिबद्ध हूँ। मुझे शाकाहारी जगत देखना है और तभी मैं अपने शरीर का त्याग करूँगा। यही मेरे जीवन का अभियान है।

शाकाहारी भोजन बच्चों को कैसे प्रभावित करता है?

पत्री जी: माँ बाप अक्सर अपने बच्चों को मछली और मुर्गा खिलाते हैं। यह गलत है। जो आप खाते हो आप वही बन जाते हो, इसलिए आप को ध्यान रखना चाहिए कि आप शरीर में क्या डाल रहे हो।

अगर माँस खिलाकर बच्चे का पालन-पोषण किया जाए तो हर बच्चा कुछ समय बाद एक "हैवान" बन जाएगा। अगर वह शाकाहारी रहें तो वह बच्चों जैसे ही बने रहेंगे यानी उनके अंदर बच्चों वाली कोमलता बनी रहेगी, वह क्रूर नही बनेंगे। शाकाहारी भोजन कोमल भोजन है, मांसाहारी भोजन कठोर भोजन है। अगर बच्चा माँस खाएगा तो वह एक कठोर आत्मा बन जाएगा।

किसी को शाकाहारी बनाने का सबसे आसान उपाय क्या है?

पत्री जी: शाकाहारी बनने से पहले आपको ध्यानी बनना चाहिए क्योंकि यदि आप अपने मन को नियंत्रित कर लेंगे तो आप अपनी भूख को भी उसी प्रकार नियंत्रित कर सकेंगे। ध्यान पहला कदम है और शाकाहार दूसरा कदम है। अगर कोई पहले से ही ध्यान करता है तो शाकाहार के बारे में बताने की आवश्यकता ही नहीं पड़ेगी। उन्हें अपने अंदर स्वतः ही ज्ञात होगा कि उसे भी शाकाहारी बनना चाहिए। ध्यान एक बुनियादी कुंजी है।

क्या मुझे लोगों को शाकाहारी बनने के लिए बार-बार बताना होगा?

पत्री जी: नहीं ! आप उन्हें केवल एक बार बताइए और फिर उनको आपके पास वापस आना होगा और अगर वह वापस नहीं आते तो उन्हें भूल जाइए।

क्या माँस एक तामसिक भोजन है?

पत्री जी: माँस एक तामसिक भोजन नहीं, यह मलिन भोजन है।

क्या माँस खाने वाले लोग बुरे होते हैं? क्या वह ध्यान करने के काबिल नहीं हैं?

पत्री जी: यह अच्छे लोग है लेकिन ध्यान में आने के लिए उन्हें संघर्ष करना पड़ता है।

माँसाहारी भोजन खाने और शाकाहारी भोजन खाने वालों में क्या फर्क होता है?

पत्री जी: फर्क उनके संस्कारों में होता है। संस्कार हमारे पूर्व जन्मों में किए गए कर्मों का फल, मानसिक छाप, गहरी परिवर्तियाँ या किसी विशेष कार्य के प्रति झुकाव से बनते हैं। शाकाहारी भोजन खाने वालों के संस्कार अलग और माँसाहारी भोजन खाने वालों के संस्कार अलग होते हैं।

हम माँसाहारी खाने को उचित कैसे सिद्ध कर सकते हैं?

पत्री जी: एक शेर का बकरी खाना जायज है लेकिन एक मनुष्य का जानवर खाना जायज नहीं है। यदि आप मानव शरीर के ढाँचे को देखें तो आप समझेंगे कि इंसान एक तृणभक्षी है न कि मांसभक्षी।

पालतू जानवर

जानवर मनुष्य की मदद करना चाहते हैं और मनुष्य से सीखना चाहते हैं। मानव जगत का कर्तव्य है कि वह पशु जगत को मनुष्य योनि में जन्म लेने में मदद करे। हम जानवर को पालतू बनाकर उसकी मदद कर सकते हैं ताकि अगले जन्म में वह मानव रूप में पैदा हो। यदि हम उन्हें पालतू न बनाएं तो उन्हें मानव जगत में आने में कठिनाई होगी।

क्या हम मछलियों को पालतू बनाकर रख सकते हैं?

पत्री जी: मछलियों और पक्षी देवलोक से सम्बंधित है और इन्हें अपने विकास के लिए मानव स्पर्श की कोई आवश्यकता नहीं है।

दूसरे पालतू जानवर जैसे कुत्ते, बिल्ली, गाय और घोड़े को मानव स्पर्श और सहलाहट की आवश्यकता है। आप चीते को भी पाल सकते हैं अगर आप उसके भोजन के लिए दूसरे जानवरों को न मारें। ऐसे भी पालतू चीते हैं जो शाकाहारी भोजन ही लेते हैं।

आत्मा की प्रगति को और अधिक समझने के लिए सब को पीटर रिचेलु (Peter Richelieu) द्वारा लिखी एक महान पुस्तक 'आत्मा की यात्रा' (souls journey) पढ़नी चाहिए।

व्यवहारिक बुद्धि

जब आप प्रबुद्ध हो जाते हैं तब आप मुसीबतों से बाहर आ जाते हैं; आप आलस्य से बाहर आ जाते हैं; आप निराशा से बाहर आ जाते हैं; आप असफलता के डर से बाहर आ जाते हैं और आप एक साधारण आध्यात्मिक व्यवहारिक बुद्धि प्राप्त कर लेते हैं।

व्यवहारिक बुद्धि क्या है?

पत्री जी: सबका आदर करना व्यवहारिक बुद्धि है। दूसरों को अपमानित करने की अनुमति नहीं है। जिसकी अनुमति नहीं है वह व्यवहारिक बुद्धि नहीं है जिसकी अनुमति है वही व्यवहारिक बुद्धि है।

व्यवहारिक बुद्धि का मतलब समय का सदुपयोग करना है। यह जानना भी व्यवहारिक बुद्धि है, कैसे खाना है, कैसे नहीं खाना है, कैसे

बोलना है, कैसे नहीं बोलना है, कैसे जीना है और कैसे नहीं जीना है।

किसी की क्रमानुगत उन्नति के लिए व्यवहारिक बुद्धि कितनी महत्वपूर्ण है?

पत्री जी: व्यवहारिक बुद्धि एक बहुत बड़ा विषय है। किसी की भी क्रमानुगत उन्नति के लिए व्यवहारिक बुद्धि अति महत्वपूर्ण है। यदि किसी के पास व्यवहारिक बुद्धि नहीं है, तो उसकी क्रमानुगत उन्नति नहीं होगी।

किसी मनुष्य की व्यवहारिक बुद्धि का पता कैसे चलता है?

पत्री जी: व्यवहारिक बुद्धि हमेशा आपके शब्दों में दिखाई देती है। आपके शब्द आप की आत्मा को दर्शाते हैं। आपका चेहरा आपके मन की स्थिति को प्रतिबिंबित करता है। यदि आपका मन विचलित है, आपके चहरे से पता चल जाएगा। इसी तरह आपके शब्द आपकी आत्मा को दिखाएंगे। हमारे प्राचीन शिक्षा प्रणाली के गुरुकुल में व्यवहारिक बुद्धि की शिक्षा अन्य विषयों के साथ दी जाती थी। एक गुरु व्यवहारिक बुद्धि का उदाहरण है।

हम एक शांत जीवन कैसे व्यतीत कर सकते हैं?

पत्री जी: हमेशा जितना हो सके शांत रहें। अपने आप को जितना हो सके आराम दें। अपने सब शौक जहाँ तक हो सके पूरे करें। हर समय जितना हो सके अपने इर्दगिर्द दूसरों को करुणा से सुनने के लिए हमेशा तैयार रहें। अपने भीतर और बाहर जो भी घट रहा है उसके प्रति जहाँ तक हो सके जागरूक रहें। आपके भीतर और बाहर जो कुछ भी मौजूद है, जहाँ तक हो सके जानकारी एकत्रित करें।

विज्ञान

"शरीर-मन" के मनुष्य को "शरीर-मन-आत्मा" मनुष्य बनना चाहिए। मानवता को एक बड़ी छलाँग लगानी होगी। यही वह स्थान है, जहाँ ध्यान विज्ञान मदद करता है।

ध्यान एक सर्वव्यापी विज्ञान है-मन को खाली और आत्मा को ऊर्जित करने का विज्ञान। जितना आप ध्यान करेंगे, उतना ही आपका, शारीरिक, मानसिक, भावात्मक और आध्यात्मिक जीवन स्थिर होगा।

ध्यान एक विज्ञान है और सही विज्ञान का एक ही रास्ता है, वह है आनापानसति ध्यान। यही एक मात्र सही रास्ता है।

क्या विज्ञान अच्छा है?

पत्री जी: विज्ञान अच्छा है। विज्ञान मानवता की मदद कर रहा है। इसने हमें कम्प्यूटर, इंटरनेट और कितनी ही आधुनिक तकनीक दी हैं लेकिन इससे आपको अहंकारी नहीं होना चाहिए।

असली विज्ञान क्या है?

पत्री जी: ध्यान ही असली विज्ञान है। बाकि सब विज्ञान इसके बाद आते हैं।

पृथ्वी एवं जीवन से परे

एक बार हम मास्टर बन जाते हैं तो जन्म और मृत्यु की जंजीर को तोड़ देते हैं। हमारा पृथ्वी पर विशेष पाठ्यक्रम पूरा हो जाता है। हमें दोबारा जन्म लेने की आवश्यकता नहीं है। फिर भी कभी-कभार हम दूसरों को सिखाने के लिए पृथ्वी पर आ सकते हैं। हमारे मनुष्य अनुभव सफल और सम्पूर्ण होने के बाद उच्च लोकों में हमारी उन्नति हो जाती है। हम अपनी व्यक्तिगत ऊर्जा के आधार पर अपनी अंश आत्मा का सृजन कर सकते हैं या नए लोक या ग्रह-नक्षत्र का भी सृजन कर सकते हैं।

क्या पृथ्वी से आगे भी कोई जीवन है?

पत्री जी: इस पूरे ब्रह्मांड में पृथ्वी एक बहुत छोटी सी जगह है। यह चारों तरफ से लाखों सौर मंडल और ग्रहों से घिरी है। हम इन सब के बारे में कुछ भी नहीं जानते। ध्यान के द्वारा ही हम इन सब के बारे में जान सकते हैं।

पृथ्वी की क्या महत्ता है?

पत्री जी: पृथ्वी अनंत काल से ग्रह-नक्षत्र की सभ्यताओं द्वारा बसाया गया नगर है। जिस प्रकार बेंगलूरु में पूरे भारत से आए लोग रहते हैं। उसी प्रकार यह पृथ्वी सब के लिए है। अलग-अलग आयामों से नक्षत्र और ग्रहवासी यहाँ आकर रहते हैं।

क्या आप उन आत्माओं के बारे में बता सकते हैं जो पिछले कुछ ही वर्षों से यहाँ आ रही हैं?

पत्री जी: बचपन में मेरे घर में बिलकुल ध्यान नहीं था। माता-पिता पूजा और व्रत की बात करते थे लेकिन ध्यान के बारे में कोई नहीं जानता था, ना मेरे शिक्षक और ना ही मंदिर के पुजारी। अब जब हम सब को ध्यान सिखा रहे हैं तो ध्यानी परिवारों में जन्म लेने के लिए उच्च आत्माएँ तैयार हैं। ऐसी उच्च आत्माएं ध्यान ना करने वाले परिवारों में जन्म नहीं लेना चाहती। जब आप अपने बच्चों के लिए विद्यालय की तलाश करते हैं, आप अनेक विद्यालयों की तुलना कर के फिर उनमें से सबसे अच्छा चुनते हैं ताकि उनको सबसे उत्तम शिक्षा मिले। ठीक उसी प्रकार आत्मा पृथ्वी पर सीखने के लिए सब से अच्छे माता-पिता का चुनाव करती है। उच्च आत्माएँ अमीर परिवार नहीं, ध्यानी माता-पिता की तरफ आकर्षित होती हैं और उन्हें चुनती है।

क्या पृथ्वी की ऊर्जा समय के साथ बदलती है?

पत्री जी: बिलकुल ! पूरी पृथ्वी में 1987 से जबरदस्त बदलाव आए हैं। ऊर्जा में तब से दो गुना और तीन गुना तक वृद्धि हुई है, जिस कारण अब ध्यान करना बहुत आसान हुआ है। मन को नियंत्रित करने में पहले जहाँ चार घंटे तक लगते थे, अब लगभग चार मिनट ने मन नियंत्रित हो जाता है। यह सब पृथ्वी की उच्च ऊर्जा के कारण है।

भगवद गीता

भगवद गीता कहती है आपकी मृत्यु कभी नहीं होगी। शरीर की मृत्यु होती है लेकिन आत्मा की कोई मृत्यु नहीं और हम सब आत्मा हैं। जब आप यह जान लेते हैं, आप हमेशा खुश रहते हैं। हम सब आत्माएँ एक आभासी स्वप्न में जी रही हैं।

हर किसी को बुद्ध के उपदेश पढ़ने चाहिए, चार अदभुत शानदार सत्य। मध्य मार्ग और अष्टांग मार्ग बुद्ध के उपदेश का सार है। हर किसी को भगवद गीता पढ़नी चाहिए। हमें इन उपदेशों का अपने दैनिक जीवन में पालन करना चाहिए।

भगवद गीता का मुख्य उपदेश क्या है?

पत्री जी: भगवद गीता का मुख्य उपदेश है कि मृत्यु तो है ही नहीं, केवल शरीर की मृत्यु है।

न जायते म्रियते वा कदाचि-न्नायं भूत्वा भविता वा न भूय:

ना जयते: आत्मा न पैदा हुई है और न ही चेतना पैदा हुई है।

ना म्रियते: आत्मा की कोई मृत्यु नहीं, चेतना की कोई मृत्यु नहीं।

जब आप इतना समझ लेते हैं तो आपने सम्पूर्ण भगवद गीता को समझ लिया। मृत्यु शरीर की होती है लेकिन आत्मा कभी नहीं मरती।

भगवद गीता का मुख्य सार क्या है?

पत्री जी: भगवद गीता में सब व्याख्या आत्मा के बारे में है। आत्मा कभी मर नहीं सकती, ना मारी जा सकती है, शरीर जन्म लेता है और मर जाता है।

लेकिन आत्मा कभी पैदा नहीं होती न कभी मरती है, न कभी मारी जा सकती। तो भगवद गीता या कोई भी आध्यात्मिक ग्रन्थ एक लिखित प्रमाण है कि पदार्थ का केंद्र या हृदय आत्मा ही है।

भगवद गीता कहती है, 'कर्मण्ये वाधिकारस्ते मा फलेशु कदाचना।' हमें वास्तव में नतीजे की चिंता बिलकुल भी नहीं करनी चाहिए। आप इसे कैसे देखते हैं?

पत्री जी: हम नतीजे पर केंद्रित नहीं हैं लेकिन हमें नतीजे चाहिए। ऐसा है ना? यदि मैं एक पुस्तक जाँच रहा हूँ, तो मैं पुस्तक जल्दी से छपवाना चाहता हूँ ... मैं पुस्तक अच्छे से छपवाना चाहता हूँ, मैं पुस्तक त्रुटि रहित छपवाना चाहता हूँ। बिना सम्पूर्णता का लक्ष्य लिए, कोई कार्य नहीं होता। कार्य समापन एक उद्देश्य के लिए किया जाता है और समापन क्या है? सम्पूर्णता ही समापन है। मैं पुस्तक अगले 20 वर्षों में नहीं 3 दिनों में पूर्ण करना चाहता हूँ। । मुझे हर शब्द, विराम, पूर्णविराम, विस्मयादिबोधक चिह्न और सब कुछ देखना है। हर चीज़ पूर्ण होनी चाहिए। जब यह पुस्तक मुद्रक के पास जाए तो मैं उससे यह अपेक्षा रखूँगा कि छपाई भी पूर्णता से हो।

'कर्मण्ये वाधिकारस्ते मा फलेशु कदाचना' हमें यह श्लोक किसी विशेष संदर्भ में समझना होगा। वह संदर्भ क्या है? यदि आप कोई कार्य करें तो प्रशंसा, आर्थिक लाभ, मान्यता या पुरस्कार की अपेक्षा न रखें। इसका यही अर्थ है। जब आप काम कर रहे हैं तो गुणवत्ता और समयबद्धता का लक्ष्य आपके मन में होना चाहिए वर्ना कार्य पूर्ण नहीं होगा अन्यथा यह पुस्तक 20 वर्षों तक भी नहीं छपेगी।

अगर आपको रेल गाड़ी पकड़नी है तो घर से जल्दी निकलना होगा। 'हो सकता है मैं गाड़ी न भी पकड़ूँ' । नहीं! यह विचार घातक होगा। आपको गाड़ी समयानुसार पकड़नी है तो आपको घर से जल्दी निकलना होगा।

इसके लिए आपको दौड़ना भी पड़ सकता है क्योंकि आपको गाड़ी पकड़नी है। इस श्लोक को उपयुक्त संदर्भ में समझना चाहिए।

भगवद गीता कहती है, 'योगः कर्मसु कौशलम्।' कृपया इसे समझाएँ?

पत्री जी: 'योगः कर्मसु कौशलम' का अर्थ यह है कि योग के द्वारा हर कर्म में ज्यादा कुशल हो जाएँगे। यदि आप संगीतज्ञ हैं और योगी भी हैं तो आपका संगीत अधिक मधुर होगा। यदि आप एक इंजीनियर हैं और योगी भी हैं तो आपके अभियांत्रिकी (engineering) प्रयास मकान बनाने में सम्पूर्ण होंगे। हम तो चाहतें है कि सब योगी हों ताकि हर कोई अपने अपने क्षेत्र में कुशल बने। हर माँ एक बेहतर माँ होगी यदि वह भी योगी है और उसे योगी होना ही चाहिए। योग ध्यान है और यह सबके लिए अनिवार्य है। जीवन के हर क्षेत्र में ध्यान सहायक है इसमें कोई संदेह नहीं है। योग चित्त को शांत करता है और हम बेहतर सोच सकते हैं। एक शांत चित्त लगातार बेहतर काम कर सकता है, एक ऊर्जा से भरपूर मन लगातार चौबीस घंटे काम कर सकता है।

मृत्यु

जन्म आत्मा का शरीर में प्रवेश करना है और मृत्यु आत्मा का शरीर से बाहर आना है। जन्म भौतिकता में डुबकी लगाना है और मृत्यु उससे बाहर आना है।

मृत्यु का अर्थ एक विशेष भौतिक जीवन में अनुभव का समाप्त होना है। ऊर्जा, ज्ञान और चेतना का सम्मिलित रूप जो भौतिक तंत्र से जुड़ा हुआ था मृत्यु उससे अलग होकर ब्रह्माण्ड के अन्य आयामों की दिव्य यात्रा का प्रारंभ है।

मृत्यु तीन प्रकार की होती है। पहली-भौतिक मृत्यु। दूसरी मौत -शरीर का शव में परिवर्तित होना। तीसरी अंतिम या आकाशीय मृत्यु। आकाशीय मृत्यु में आत्मा विहीन आकाशीय पिंड की कारण लोक में मृत्यु होती है जहां से हम महाकारण लोक में जाते हैं हालांकि यह अनुभव सिर्फ आत्मज्ञानियों को ही होता है।

व्यक्ति की मृत्यु के तुरंत बाद क्या आत्मा दूसरे शरीर में प्रवेश करती है?

पत्री जीः एक बार भोजन करने के बाद क्या आप तुरंत फिर से खाने बैठ जाते हैं? यही बात यहाँ भी लागू होती है। उच्च लोक में बहुत समय लगाकर आत्मा फिर योजना बनाती है और उसके बाद आप अपनी इच्छा होने पर ही शरीर धारण करते हैं। अगर आप नहीं चाहते तो नहीं आते हैं। आप पूर्ण विस्तृत योजना बनाते हैं, समझौते के प्रारूप के साथ अपने मित्रों का चयन करते हैं। आप अकेले नहीं बल्कि एक आत्म समूह में आते हैं। इसमें आत्म समूह की भी स्वीकृति होनी चाहिए कि वह आपके साथ आने के लिए तैयार हैं या नहीं। इस तरह आत्मा अगले जन्म से पूर्व बहुत योजना बनाती है।

यह जानते हुए कि हमारी कोई मृत्यु नहीं है, फिर हम मृत्यु से इतना भयभीत क्यों रहते हैं?

पत्री जी: यह जानते हुए भी सूर्योदय और सूर्यास्त जैसी कोई चीज़ नहीं होती फिर भी हम सूर्योदय और सूर्यास्त क्यों देखना चाहते हैं? आपके प्रश्न का यही उत्तर है।

यह जानते हुए भी कि हम सब आत्मा हैं, हम अपने मन से परेशान रहते हैं। मन को विचलित न करें। हमें मन की आवश्यकता है। हमें द्वंद्व और गैर-द्वंद्वत्व सभी का अनुभव लेना है। हर परिस्थिति सुंदर है और हर परिस्थिति हमारे सीखने के लिए सबक है। हम सभी परिस्थितियों से सबक सीखना चाहते हैं। सफलता और विफलता का स्वागत करें। असफलता ही सफलता प्राप्त करने की सीढ़ी है। अप्स्वर से ही हम सुस्वर में पहुंचते हैं। आप सीधे सुस्वर में नहीं पहुंच सकते। हर चीज़ अपने में पूर्ण है। जब आप कुछ करते हैं तो वह सही है और जब कुछ नहीं करते तब वह भी सही है। आप अच्छे में भी सही हैं और बुरे में भी सही हैं। वस्तुत: हमें अच्छे और बुरे की परिभाषा से परे जाना है। जब आप दोनों स्थितियों का सौंदर्य समझते हैं तभी उनके पार जा सकते हैं। आप साथ ही साथ संतुष्ट और असंतुष्ट हो सकते हैं, प्रसन्न और दुखी हो सकते हैं।

हमारा पूरा परिवार कोविड की चपेट में था। हमने उस स्थिति का आनंद लिया जिसके लिए आपकी ध्यान पद्धति और बाँसुरी बहुत सहायक रहे। उन्होंने हमें इस बीमारी से बाहर निकाला। जिस बीमारी से लोग इतने भयभीत थे हमने उस स्थिति का पूर्ण आनंद उठाया और प्रोत्साहित रहे। इस समय हमें यह समझ आया कि इससे डरने की जरूरत नहीं है। जब डर लगे तो उस डर का सामना करें और बैठकर ध्यान करें। हमने यही किया और यही इस स्थिति से बाहर आने में सहायक बना।

पत्री जी: जब आप डरते हैं तो भय को अपनी ओर आकर्षित करते हैं। अगर आप कोरोना से डरते हैं तो कोरोना को अपनी तरफ आकर्षित करेंगे। अगर आप मृत्यु से भयभीत हैं तो मृत्यु आपके नजदीक आएगी।

इसलिए आपको निर्भय रहना चाहिए। अपने भीतर से भय को निकालना ही आध्यात्मिकता है।

मृत्यु जीवन की मित्र है। मृत्यु नया जीवन देती है। यह कोई दुखदायी स्थिति नहीं है। यह जीवन की असंख्य कठिनाइयों से मुक्ति है। जिस तरह एक पूरे दिन के बाद नींद जरूरी है उसी तरह एक पूरे जीवन क्रम के बाद मृत्यु भी जरूरी है। मृत्यु तो जैसे आत्मा के लिए एक सुकून भरी नींद है, पूर्ण विश्राम देने वाली है क्योंकि जीवन चक्र में आत्मा को कुछ भी विश्राम नहीं मिलता।

जब आप मृत्यु की आवश्यकता और महानता समझेंगे तब आप आध्यात्म का मर्म समझ पाएंगे। जिस तरह दो दिनों के मध्य निद्रा आवश्यक है उसी तरह दो जन्मों के बीच मृत्यु जरूरी है। मृत्यु आत्मा की सच्ची मित्र है। जीवन में हम कितने विचारों से भरे रहते हैं। मृत्यु उन विचारों से हमें मुक्त कर एक शांत अवस्था प्रदान करती है ताकि हम अगला जन्म अच्छे से नियोजित कर सकें। पिछले जन्म से कुछ सीखने के लिए हमें कुछ अंतराल की आवश्यकता होती है। मृत्यु हमें यह अंतराल प्रदान करती है। यह एक अद्भुत प्रक्रिया है।

लोग मृत्यु के महत्व को नहीं समझते पर इसका मतलब यह बिलकुल नहीं कि हमें मृत्यु का गलत तरीके जैसे आत्महत्या से चयन करना चाहिए। मृत्यु की प्रतीक्षा बिलकुल स्वाभाविक तरीके से होनी चाहिए। जैसे निद्रा आपको स्वाभाविक तरीके से आनी चाहिए ना कि नींद की गोलियों की मदद से। उसी तरह मृत्यु भी स्वाभाविक रूप से होनी चाहिए। जब वक्त आता है तो स्वाभाविक मृत्यु आपको इस जीवन की नाटकीय पीड़ा से छुटकारा दिलाती है। जितना आप इसे समझेंगे उतना आध्यात्म की ओर अग्रसर होंगे।

मैंने सुना है जिसकी मृत्यु होती है उसका जन्म होता है और जिसका जन्म होता है उसकी मृत्यु अवश्यंभावी है। जब हम ध्यानी और शाकाहारी हो गए हैं, हमारा तीसरा नेत्र जागृत हो गया है और हम

मास्टर बन चुके हैं तो आगे क्या है? हमें अभी और कितने जन्म लेने होंगे? इसका कोई अंत है या नहीं?

पत्री जी: जब आप स्वयं जान जाते हैं कि आप आत्मा हैं तो फिर आप लोगों को सिखाने के लिए दोबारा आते हैं। कृष्ण, पतंजलि, शिव सभी शिक्षक के रूप में वापस आए हैं। आप भी एक शिक्षक के जैसे वापस आएंगे क्योंकि सिखाने के लिए बहुत कुछ है। आप छात्र के रूप में नहीं आते। शिक्षक की भूमिका स्थाई है। आप एक बार शिक्षक बन जाते हैं तो हमेशा शिक्षक के रूप में ही वापस आते हैं। आपके आसपास शिशु आत्माएं होती हैं जिन्हें इस ज्ञान की आवश्यकता है, आप उन्हें सिखाते हैं।

विश्व शास्त्र एवं मास्टर्स

आध्यात्मिक कर्म सिद्धांत विज्ञान जैन, बौद्ध, हिंदु, ईसाई, ना ही इस्लाम धर्म से सम्बंधित है हालाँकि यह अपने में सभी धर्मों का सार समेटे हुए है।

महाभारत से हमें क्या शिक्षा मिलती है?

पत्री जी: तीन तरह के व्यक्ति होते हैं। कौरवों की संख्या अधिक होती है यानि 100 कौरव, पांडव अल्पसंख्यक यानि 5-पांडव और कृष्ण अत्यंत दुर्लभ यानि 1, मुख्यत: यह अनुपात 100 कौरव, 5 पांडव और 1 कृष्ण-यही है .. 100:5:1। पूरे विश्व में प्राय: यही अनुपात है। स्वार्थी मनुष्य 100 हैं, निस्वार्थ मनुष्य 5 और आत्मज्ञानी सिर्फ 1, महाभारत से हमें यही शिक्षा मिलती है।

रामायण से हमें क्या शिक्षा मिलती है?

पत्री जी: एक शासक को सच्चा शासक होना चाहिए। उसे स्वयं और स्वयं के परिवार, नाम और प्रसिद्धि के लिए नहीं, प्रजा के लिए जीना चाहिए। उसे सच्चे अर्थ में प्रजा के कल्याण के लिए जीवन समर्पित

करना चाहिए। श्री राम, राम-राज्य के लिए प्रसिद्ध हुए। हम कृष्ण-राज्य या ईसा मसीह-राज्य का उदहारण नहीं देते, सिर्फ राम-राज्य की बात करते हैं। एक राज्य राम-राज्य जैसा होना चाहिए। यही रामायण का मुख्य संदेश है।

बाईबल की मुख्य शिक्षा क्या है?

पत्री जी: "ईश्वर के राज्य और उसके धर्म का पालन करें, आपको सब कुछ प्राप्त होगा"।

ईश्वर का राज्य कहां है? ईश्वर का राज्य हमारे ही अंदर है। अपने अंदर हम कैसे प्रवेश करें? ध्यान द्वारा ही हम ईश्वर के राज्य में प्रवेश कर सकते हैं। जीसस की पूरी जिंदगी सिर्फ एक शब्द में वर्णित की जा सकती है, वह है -ध्यान।

जैन धर्म से हम क्या सीख सकते हैं?

पत्री जी: जैन धर्म का सबसे अहम सूत्र है शाकाहार, अहिंसा। मुझे यह सिद्धांत अत्यंत प्रिय है। आप जानवरों, पक्षियों, मछलियों को नहीं मार सकते। यह जैन धर्म का सबसे विशेष संदेश है।

आपने चीनी दार्शनिकों के बारे में भी पढ़ा है। कन्फ्यूशियस के दर्शन से हमें क्या शिक्षा मिलती है?

पत्री जी: लाओत्सु, च्वांगसु, कन्फ्यूशियस सभी बहुत महान मास्टर्स हैं।

चीनी दर्शन दो भागों में है- लाओत्सु विभाग और दूसरा कन्फ्यूशियस विभाग। कन्फ्यूशियस की शिक्षाएं उच्च-स्तरीय और निम्न-स्तरीय व्यक्तियों के बारे में है और लाओत्सु की शिक्षा प्रकृति के साथ रहना और बहना सिखाती है।

कन्फ्यूशियस के मतानुसार निम्न-स्तरीय व्यक्ति हमेशा सांसारिक स्थितियों और पदों के बारे में सोचता है और उच्च-स्तरीय व्यक्ति हमेशा जीवन के उच्च मूल्यों के बारे में मनन करता रहता है।

लाओत्सु की शिक्षा प्रकृति से जुड़ना है। वह कहते हैं प्रकृति के साथ रहो! हर ऋतु शीत, ग्रीष्म और वर्षा आती है और जाती है। आप इन्हें साक्षी भाव से देखते हैं। आप ग्रीष्म ऋतु का कुछ नहीं कर सकते, उसमे कोई परिवर्तन नहीं ला सकते। आप सिर्फ इन्हें साक्षी भाव से देख सकते हैं। इसी तरह आपके मन की भी ऋतुएं होती हैं। कभी आप प्रसन्न होते हैं, कभी उदास और कभी निष्भाव। अपने मन की ऋतुओं के प्रति भी निष्भाव रहें। यही लाओत्सु की शिक्षा है।

पुस्तकें

हमें दिन में कम से कम 1 घंटा ध्यान, 1 घंटा आध्यात्मिक साहित्य पढ़ना चाहिए और 1 घंटा दूसरे ध्यानियों और मास्टर्स के साथ व्यतीत करना चाहिए। यह एक अनवरत प्रक्रिया है। एक मास्टर बनने की यात्रा का आरंभ तो है पर यात्रा कभी खत्म नहीं होती।

हमें सभी महान मास्टर जैसे रजनीश, रिचर्ड बॉक, लोबसांग राम्पा, कार्लोंस कास्टनेडा, लेड बीटर, योगानंद परमहंस, स्वामी रामा की रचनाएं पढ़नी चाहिए। आध्यात्म के विद्यार्थी को सभी आध्यात्मिक गुरुओं की पुस्तकों का अध्ययन करना चाहिए। अगर हम इन सभी मास्टर्स की किताबें नहीं पढ़ते तो हम बहुत कुछ जानने, समझने से वंचित रह जाते हैं।

कृपया हमें "सीतायन" पुस्तक के बारे में कुछ बताएं।

पत्री जी: "सीतायन", पूरे विश्व में क्रांति ला देगी। सत्य हर युग में एक समान होता है। जो भी सत्य है, वह सदैव सभी युगों के लोगों के लिए सत्य ही रहेगा। "सीतायन" PSSM की बाइबल है।

'सीतायन' में बताई गई कुछ घटनाएं मूल वाल्मीकि रामायण में नहीं हैं। ऐसा क्यों?

पत्री जी: यह एक सामान्य ज्ञान की बात है कि कोई भी जानकारी जब लोगों द्वारा साझा की जाती है तो उसका मूल रूप कम होते-होते प्राय: लुप्त हो जाता है। जब आप किसी को एक कहानी सुनाते हैं तो अलग-अलग लोगों से होते हुए जब वह वापस आप तक पहुंचती है तो उसका एक नया ही रूप और आकार होता है। इसी तरह इतनी शताब्दियों में रामायण का मूल रूप बदलता गया जो स्वाभाविक है। यह बात किसी भी शास्त्र, बाइबल, कुरान, उपनिषद, भगवद गीता सभी के लिए लागू होती है। हमें मूल प्रारूप का पता ही नहीं चलता इसलिए

कुछ शताब्दियों के पश्चात् मास्टर्स मूल रूप से हमारा पुनः परिचय कराने धरती पर आते हैं।

क्या भगवद गीता पढ़ने या सुनने से मदद मिलती है?

पत्री जी: कोई चीज़ सिद्धांत रूप से पढ़ने की अपेक्षा ध्यान का अभ्यास करना ज्यादा लाभप्रद है। गीता या और कोई भी ग्रंथ पढ़ने का कोई अर्थ नहीं है अगर आप ध्यान नहीं करते। अगर आप ध्यान करते हैं और गीता नहीं भी पढ़ते तो कृष्ण बन सकते हैं। अभ्यास नितांत आवश्यक है और गीता अध्ययन हमेशा ध्यान के बाद है। इसलिए हमारे मूल सिद्धांतों में भी अध्ययन दूसरे स्थान पर है। दूसरों के अनुभव सुनना तीसरे स्थान पर और चौथा स्थान मौन का है। जहां बोलने की आवश्यकता ना हो, वहां मौन रहकर अपनी ऊर्जा का संचय करना चाहिए।

मेहर बाबा की पुस्तक "गॉड स्पीक्स" में लिखा गया है कि दुनिया में किसी भी एक वक्त में भगवान के एक अवतार और पांच संपूर्ण मास्टर्स रहते हैं। इस समय में कौन अवतार और सम्पूर्ण मास्टर्स हैं?

पत्री जी: जब आपके लिए कोई पुस्तक प्रस्तावित की जाती है तो उस में से जो कुछ ग्रहणशील हो उसे ग्रहण करें और जो भ्रमित करने वाला हो उसे छोड़कर अगली पुस्तक की ओर बढ़ें। किसी भी एक पुस्तक या एक मास्टर में ही ना अटके रहें। कई मास्टर्स की कई पुस्तकों का अध्ययन करें।

एक अवतार और पांच मास्टर्स जैसा कुछ भी नहीं है। मास्टर्स के छोटे वक्तव्यों पर ही ना रुकें बल्कि उन्हें सरसरी निगाहों से देखकर आध्यात्मिक जागृति की ओर बढ़ें।

भविष्य

ध्यान के माध्यम से हम अपना अतीत और भविष्य देख सकते हैं। अतीत के मुख्य पड़ावों से होकर हम समझ पाते हैं कि पिछले कितने ही जन्मों में हमने कितने ही शरीर बदले हैं और कितने ही जीवन चक्र के उतार चढ़ाव अनुभव किए हैं।

एक अतीत है, एक वर्तमान है और एक भविष्य है। पर यह सब एक दूसरे से पृथक और भिन्न नहीं हैं वरन एक सतत प्रक्रिया का ही अंग हैं।

PSSM की तरफ से विश्व के लिए आपकी क्या संकल्पना है?

पत्री जी: जिस तरह भौतिक शास्त्र, रसायन शास्त्र आदि के लिए अलग अध्यापक होते हैं उसी तरह जल्द ही स्कूल और विश्वविद्यालयों में अध्यात्म विज्ञान के अलग अध्यापक होंगे। अध्यात्म विज्ञान का दूसरे विभागों की तरह एक अलग विभाग होगा। रूस, चीन, जापान, अमेरिका सभी जगह के विद्यालयों में अध्यात्म विज्ञान, ऊर्जा संवेदना विज्ञान आदि एक अलग विषय के रूप में पढ़ाया जाएगा। यही मेरी संकल्पना है और यह होकर रहेगा।

पूरे विश्व में ध्यान कैसे पहुंचेगा?

पत्री जी: तकरीबन 20 वर्ष पूर्व कोई मोबाइल फोन नहीं थे और आज हम पूरी तरह मोबाइल फोन के युग में हैं। इसी तरह 20 वर्ष पूर्व कहीं ध्यान का नाम नहीं था और आज हर जगह ध्यान है। मोबाइल फोन के लिए आपके पास पैसे होने चाहिए पर ध्यान के लिए किसी चीज़ की आवश्यकता नहीं है। चाहे आप जहां भी हों, ध्यान के लिए आपको सिर्फ अपनी साँसों के साथ रहना है। आप ध्यान के मास्टर बन जाते हैं तो मोबाइल फोन की भांति ध्यान भी हर जगह पहुंचेगा।

अगर हर व्यक्ति हर दिन ध्यान का अभ्यास करता है तो विश्व का स्वरूप कैसा होगा?

पत्री जी: *विश्व स्वर्ग की भांति हो जाएगा। हर कोई प्रसन्न और आत्म-संतुष्ट होगा।

* सभी अपने भौतिक शरीर को प्रकाशमय काया में परिवर्तित कर सकेंगे।

* सभी लोगों के बीच मानसिक संवाद प्रक्रिया होगी।

* सभी की जरूरी आवश्यकताएं पूरी होंगी।

* पृथ्वी पूरे ब्रह्मांड के लिए एक उज्ज्वल उदाहरण होगी।

* विभिन्न ग्रहों और आयामों के बीच यात्रा होगी।

* दूसरे नक्षत्र प्रदेशों और धरती के बीच जीवन का विचरण होगा।

हम विद्यालयों में ध्यान का प्रचार कैसे कर सकते हैं?

पत्री जी: विद्यालयों में जाएं और ध्यान सिखाना आरंभ कर दें। इसमें कैसे का कोई प्रश्न ही नहीं है। अपने मुख का इस्तमाल करें और ध्यान सिखाएं, जिस तरह मैं 40 वर्षों से कर रहा हूँ। एक बार आप खुलकर ध्यान सिखाने लगते हैं तो सभी कुछ स्वत: होने लगता है। निर्भय होकर जाएं, आप दूसरों की सहायता ही कर रहे हैं फिर कैसा भय, स्पष्ट रहें। कुछ प्रश्न पूछे जाएंगे जिनका उत्तर आप बुद्धिमता और पूर्ण जानकारी के साथ दें। जब आप कुछ जानते हैं तो दूसरों को सिखाने में कोई हर्ज नहीं है। ना जानते हों तो आप सिखा भी नहीं सकते। अत: निर्भीक और आत्मविश्वास से पूर्ण रहें। आप पूरे विश्व के शिक्षक हो सकते हैं।

हमें भविष्य की कितनी दूर तक योजना बनानी चाहिए?

पत्री जी: अतीत में क्या हुआ या सुदूर भविष्य में क्या होगा, इस पर ज्यादा चर्चा ना करें। बिलकुल निकट के भविष्य में हम क्या करने वाले हैं, इस पर जरूर विचार करें .. मतलब अगले 24 घंटों में।

सारांश

पत्री जी से पूछे गए प्रश्नों के उनके द्वारा दिए गए दिव्य और उच्च ज्ञान के उत्तरों को कैसे कोई सारांश रूप में प्रतिपादित कर सकता है। हर उत्तर अपने आप में एक मोती है और इतना शक्तिवान है कि उनको सारांश के रूप में एक ज्ञान रूपी गुलदस्ते में सजाया नहीं जा सकता।

यह कहा जा सकता है कि यह उत्तर विभिन्न पहलुओं की श्रृंखला को समेटे हुए हैं और उन्हें नियमित अंतराल पर निरीक्षण और संदर्भ लेने की आवश्यकता है।

फिर भी उनमें से कुछ को यूं ही चुनने से पत्री जी द्वारा विभिन्न विषयों पर दिए गए ज्ञान का पता चलता है।

पत्री जी वास्तव में धर्मनिरपेक्ष हैं और वह सभी को अपना ज्ञान प्रदान करते हैं। वह दूसरों को भी सभी धार्मिक गुरुओं से ज्ञान ग्रहण करने के लिए प्रोत्साहित करते हैं क्योंकि वह सच्चे आध्यात्मिक नेता हैं।

यह एक वादा है कि आप ब्रह्मर्षि पत्री जी के प्रश्नोत्तर सत्रों के इस संकलन को यूट्यूब पर देखकर अपने और कई संदेहों के उत्तर पा सकते हैं। वह जो ज्ञान प्रदान करते हैं, एक जिज्ञासु के परेशान मन के लिए एक स्वागत योग्य, सुखदायक रामबाण है। यह पुस्तक एक संदर्भ पुस्तक की भांति सभी के पास हमेशा होनी चाहिए।

पढ़ने की शुभकामनाओं के साथ!!